do

Claves para vivir mejor

Biografía

Gaby Pérez Islas es licenciada en Literatura Latinoamericana con estudios a nivel maestría en Tanatología. Tiene diplomados en Logoterapia, Codependencia y Suicidología; atiende en consulta privada e imparte cursos y talleres; es colaboradora en diversos medios de comunicación y una entusiasta conferencista motivacional; además, es autora de los títulos *Cómo curar un corazón roto* (2011), *Elige no tener miedo* (2013) y *Viajar por la vida* (2015), cada uno de los cuales ha sido un cálido y reconfortante rayo de luz para quienes han perdido la esperanza.

Gaby Pérez Islas
Elige no tener miedo
Cómo aprender a vivir
después de un gran dolor

© 2013, María Gabriela Pérez Islas

Derechos reservados

© 2013, 2016, Editorial Planeta Mexicana, S.A. de C.V.
Bajo el sello editorial BOOKET M.R.
Avenida Presidente Masarik núm. 111, Piso 2
Polanco V Sección, Miguel Hidalgo
C.P. 11560, Ciudad de México
www.planetadelibros.com.mx

Diseño de colección: Laura Comellas/ Departamento de diseño. División
Editorial del Grupo Planeta
Fotografías de portada: Getty Images (jaula) y © iStockphoto (ave)
Fotografía de la autora: Blanca Charolet
Adaptación de portada: Beatriz Díaz Corona
Diseño de interiores: Emilia Martínez Jara. Trama Diseño
Ilustraciones de interiores: Luz de Lourdes Pino Aznar

Primera edición: junio de 2013
Primera edición en presentación Booket: agosto de 2016
Décima segunda reimpresión en presentación Booket: marzo de 2020
ISBN: 978-607-07-3550-9

Impreso en los talleres de Operadora Quitresa, S.A. de C.V.
Prolongación Economistas #57, Colonia El Triunfo, C.P. 09430
Iztapalapa, Ciudad de México.
Impreso en México – *Printed in Mexico*

Dedico este libro a mis propias pérdidas,
a los tránsitos dolorosos de mi vida que han sido, sin duda, los
momentos en que más he aprendido de lo que estoy hecha
y en donde ha aflorado mi vocación de ser feliz.
Honro la presencia en mi vida de mi familia y amigos,
los mejores que alguien pudiera tener.
Gracias por acompañarme a cada paso del camino.
Y a Luis, mi cómplice de vida, maestro en paciencia
y tolerancia: Quiero seguir aprendiendo de ti.

Contenido

Prólogo

Antes que todo, agradezco enormemente a Gaby por darme la oportunidad de escribir el prólogo para este libro, cuyo título, *Elige no tener miedo*, es ya una invitación a la superación y al conocimiento de las situaciones a las cuales, con mayor frecuencia, les tememos.

Al explorarlo, el miedo mismo se desvanece para que triunfe la lógica, la razón y la verdad, ya que muchos temores están mal infundados, carecen de sustento o son tan añejos que desconocemos su origen.

A lo largo de esta obra, Gaby proporciona varias definiciones y descripciones del miedo, pero la que más me agrada porque más se acerca a la connotación del término —lo he podido constatar con mis pacientes— es la que lo califica como "falta de fe y la ausencia de amor", ya que para todos los que cuentan con una gran fortaleza de fe y una buena dosis de amor no hay miedos ni temores difíciles de vencer.

Cuando Gaby habla sobre el miedo a la muerte, nos introduce en el camino de la reflexión respecto de lo que podemos considerar como no realizado, y por ende la muerte sería una frustración, al imposibilitarnos concretar nuestros deseos del futuro.

Sigmund Freud aseguraba que las personas no podemos tener miedo a la muerte por el simple hecho de que es un concepto abstracto que no hemos conocido; por tal razón, lo que sería correcto decir es que se tiene un miedo a la propia idea sobre la muerte.

Y la muerte en este texto se diversifica en varios tipos de pérdidas; es decir, refiere duelos para los cuales no estamos preparados. La angustia puede apoderarse de nosotros tan solo de pensar en nuestra muerte, en la de los demás, así como en sus efectos.

Gaby señala diversas formas de muerte: desde la propia, pasando por la de los padres y los hijos, hasta las trágicas y sorpresivas como el homicidio y el suicidio; todas con un elemento común: no son deseadas. Pero, como bien lo describe Gaby, evadirlas no es la solución.

El capítulo que especialmente llamó mi atención, por la experiencia de 25 años como investigador de esa conducta, es el que aborda el tema del suicidio, pues considero un acierto de la autora mencionarlo con tanta claridad y certeza. La frase "El suicidio no se contagia, se aprende" es una realidad que he podido constatar a través de algunas familias en las cuales se presenta con frecuencia hasta por generaciones.

La definición es necesaria para entender que es un acto autogestivo, y las opiniones y los juicios que las personas pudieran externar sobran porque no son acertadas y tampoco sirven de bálsamo para el profundo dolor de perder a un ser querido por esa circunstancia.

El suicidio es un fenómeno complejo y multicausal. Con cifras, la autora nos muestra la terrible realidad por la enorme incidencia de suicidios en nuestros jóvenes, lo cual ya constituye la segunda causa de muerte en este sector poblacional en México. También el mal manejo de esta muerte autoinfligida lleva al desconcierto, la confusión y, sobre todo, a que se alargue el dolor por la pérdida.

Lo que más agradezco de Gaby es haber incluido las preguntas clave que debemos hacer a alguien que sospechamos ha pensado en quitarse la vida. Esta pequeña guía será muy útil a los lectores, pues —como lo menciono en todas mis conferencias— "nadie es inmune al suicidio", y saber cómo reaccionar ante esta inquietud puede salvar una vida.

El lector encontrará un nuevo término que hábilmente nos describe la autora: *suicidología*, ciencia referida a comportamientos y sentimientos autodestructivos. Además, nos regala los diez elementos para el trabajo con los pacientes suicidas, y por ser esta una nueva disciplina, hay mucho por investigar y descubrir. El trabajo directo que realizó con sus pacientes es el camino que le permitió conocer la importancia de la labor *suicidológica*.

Finalmente, Gaby Pérez Islas menciona el tan temido acto del secuestro, que por desgracia se ha incrementado en las últimas décadas, y se ha sumado a los miedos de la gente, pues se siente vulnerable y susceptible de convertirse en víctima de este delito, el cual cada vez es más frecuente y se ha diversificado en modalidades como secuestro exprés.

El resultado de un plagio puede ser la muerte, la desaparición o la incertidumbre, y en cualquiera de esas circunstancias representa una muerte temporal, por la angustia y la impotencia que experimentan quienes lo han sufrido. Como lo mencionan muchos otros especialistas, el secuestrado no es la única persona privada de su libertad, también la familia, los seres queridos y los amigos padecen este atroz cautiverio. Y por supuesto toda la población que, indignada, escucha y conoce que los secuestros cada vez son más frecuentes y se realizan con mayor impunidad.

Gaby nos comparte de manera magistral casos que ha tratado en su noble labor como tanatóloga; eso facilita la comprensión de nuestros miedos.

DR. ALEJANDRO ÁGUILA TEJEDA
DIRECTOR GENERAL DEL INSTITUTO
HISPANOAMERICANO DE SUICIDOLOGÍA, A.C.
www.suicidologia.com.mx

Introducción

*No se puede edificar una vida con los ladrillos
que no están, el día a día se construye con presencias. Me
acompaña tu recuerdo,
pero no vivo desde tu ausencia.*

GPI

Aun en las situaciones más extremas,
la vida merece la pena y se puede mantener
la dignidad personal.

VIKTOR E. FRANKL

La vida es maravillosa, tal vez no es justa, pero es maravillosa. Esto puede sonarte a campana rota en este momento de tu vida, pero entender premisas básicas como la que nos daba Harold Kushner, que "a la gente buena también pueden pasarle cosas malas", nos ayuda a salirnos de la victimización y movernos dentro del marco de la responsabilidad.

Hay situaciones en la vida que solo de visualizarlas nos ponen la piel de gallina. Las consideramos las peores pesadillas imaginables y pensar en ellas hace que nos sintamos vulnerables y expuestos.

Como todo en nuestra existencia, estos miedos están más en nuestra cabeza que en la realidad, pero cuando por algún motivo se tornan verdaderos y tangibles no es momento de paralizarnos ni caer desplomados. Debemos tomar una decisión; esto no me va a *destruir*. Por el contrario, me va a *construir* en una mejor persona.

Viktor E. Frankl —psiquiatra judío, padre de la logoterapia, quien fue aprehendido y recluido en un campo de concentración— señalaba que había que decirle *sí* a la vida bajo cualquier circunstancia, y que tener un *para qué* te hacía soportar casi cualquier *cómo*. Yo sé que esto es difícil, especialmente cuando sentimos tanto miedo.

El miedo ocupa un lugar que en realidad debería pertenecer a la fe y al amor.

Lo que sea que estemos viviendo en determinado momento debemos afrontarlo como nuestro muy personal campo de concentración y decidir que saldremos vivos de él: vivos y fortalecidos, más empáticos, más asertivos y sabios. No escogimos que nos pasara esto y seguramente tampoco es justo, pero ya pasó y ahora solo podemos ejercer nuestro derecho a la última de las libertades humanas: la actitud con la que nos enfrentamos a lo ocurrido.

De esta manera, *elige no tener miedo*, elige enfrentar lo que te pasa con absoluto protagonismo y responsabilidad, elige vivir y esas serán tus elecciones más importantes ante lo dado no pedido.

En mi primer libro, *Cómo curar un corazón roto: ideas para sanar la aflicción y la pérdida* (México, Diana, 2011), intencionalmente dejé algunos temas en el tintero —las ligas mayores de la tanatología, diría yo— para darles espacio en este segundo tomo, el cual constituye una reflexión y una herramienta de construcción personal para quien tiene miedo a morir o ser abandonado, para quien se le ha muerto un hijo o una hija, quien ha sido víctima de un secuestro, ya sea en su persona o en la de un ser querido, y finalmente para quien el suicidio ha tocado a su familia cambiándola para siempre.

Agradezco profundamente todos sus correos contándome sus historias y queriendo participar en este segundo título; he seleccionado algunas y otras las atesoraré para futuras publicaciones, pero de cada una de ellas he aprendido y parte de mi corazón permanece con los protagonistas. Todos los casos que aquí aparecen son reales, sucedidos en México, alrededor de toda la República, y solo algunos nombres han sido cambiados a petición de los involucrados.

Pienso que quien se atreve a tocar la parte más vulnerable del ser humano —que es su dolor— debe estar dispuesto a darle contención, estar ahí, y por ello les dejo mi dirección de correo electrónico: gabytanatologa@gmail.com, TW @gabytanatologa y página de FB Gaby Perez Tanatologa, para que de esa manera podamos permanecer cercanos y los acompañe en la lectura de este libro y los sentimientos que de él puedan generarse.

Revisemos juntos entonces lo más temido; hagámoslo con templanza, esta virtud moral que nos procura el equilibrio, la moderación de carácter, y nos hace reaccionar de manera equilibrada.

Sin miramientos, enfrentemos de una vez y para siempre estos temores que cuando vienen detrás de nosotros como en película de terror son todavía más atemorizantes que cuando nos detenemos, volteamos y los miramos frente a frente. "¿Qué quieren de mí?", podríamos preguntarles. Aquí estamos para darle una respuesta a la vida, a lo que nos está apelando.

Con inmenso respeto los acompaño en esta decisión. *Elige no tener miedo...*

Gaby

1
Miedo al abandono

¿Qué representa mejor el respeto
que tenemos por quien murió:
un NO al duelo y me quedo
con el dolor y el enojo
o un SÍ a la vida
y doy espacio al amor?

GPI

Tu presencia está conmigo fuera y dentro.
Es mi vida misma y no es mi vida.
Así como una hoja y otra hoja son la apariencia
del viento que las lleva.

LUIS CERNUDA

Eugenio se despertó otra vez sudando y agitado, es justo a mitad de la noche cuando su corazón se acelera y le recuerda que todo esto ha sido real. Ya no le funciona evadirse o entregarse al sueño, su dolor no tiene tregua y lo vive veinticuatro por siete.

Hace tres meses su hijo fue a una fiesta, ese día él no quiso desvelarse pues a la mañana siguiente corría una carrera y por ello le prestó el automóvil para no tener que salir a buscarlo a media noche. Fermín se fue con otros amigos; todo bien, un viernes como cualquier otro, hasta que dejó de serlo... Se acabó lo normal, se acabó para siempre.

El peor de los miedos de Eugenio se concretó con una llamada telefónica, a través de la cual le avisaban que su hijo se hallaba involucrado en un accidente automovilístico y solicitaban su presencia en el Ministerio Público. Primero, enojo, claro: "¡Ahora qué hizo este idiota!", pero en el fondo miedo, un miedo enorme y la falta de costumbre para poder rezar. Después todo cayó en cascada, nadie tuvo tacto ni consideración; en pocos minutos ya estaba identificando un cuerpo y rindiendo declaración. "No me dejes", pensaba. "No me dejes, por favor."

De todos los miedos que puede llegar a sentir el ser humano, solo tres son realmente innatos: miedo a caer (al vacío), miedo a los ruidos fuertes y miedo al abandono. Son miedos útiles para la sobrevivencia del individuo. Todos los demás temores son construcciones mentales de lo que sentimos. Jorge Bucay, psicoanalista y escritor argentino, aclara la diferencia entre miedo y susto:

> El susto se podría definir entonces como el reflejo corporal y psíquico frente a la situación de peligro. (Jorge Bucay, *De la autoestima al egoísmo*, México, Océano, 1999, p. 88.)

Entre los miedos reales está el del abandono. Es por ello que un niño pequeño sufre al vivir sus primeros días de escuela. Piensa que su mamá no va a regresar por él, que lo dejará ahí para siempre.

Cómo pueden pensar esto si los amamos y creemos que saben que son lo más importante para nosotros; sin embargo, el niño no cesa su llanto hasta que se le deja un reloj o un accesorio de su madre. "Ahora sí que volverá por mí, no se va a quedar sin su reloj." Por irracional que pueda parecernos, este miedo se vive como real y se reactiva desde aquella etapa de angustia de separación por la que pasan los bebés entre los ocho y los nueve meses de nacidos. Si no tienen a su madre a la vista significa que literalmente desapareció y sufren por ello.

Es indudable que nos cuesta mucho separarnos de las personas que queremos, que necesitamos —o ambas cosas—, pero lo que yace subterráneo no es que no estés, es que me dejaste.

Tiene una connotación totalmente diferente. Pareciera, aunque no haya sido así, que había voluntad tuya de partir, de dejarme aquí cumpliendo una misión que era nuestra y hoy solo me corresponde a mí: seguir con la crianza de los hijos cuando se trata de un divorcio, continuar tu legado si se trata de la muerte de un padre, permanecer y cuidar a nuestros padres si se trata de un hermano o proseguir con un proyecto de vida cuando se trata de un hijo.

El enemigo a vencer es la depresión. Y es que caer en una depresión profunda constituye el mayor de los abandonos, ya que inhabilita mi vida. La única persona que realmente necesito para vivir soy yo mismo. Deprimirme es abandonarme, es la traición mayor.

Abandono no significa fin de un ciclo, significa renuncia, alejamiento, dejar sin concluir, y pocas cosas angustian tanto como el pensar "y, ahora, ¿cómo le voy a hacer sin ti?"

Surgen la rabia y la tristeza tomadas de la mano, es casi imposible desprenderlas y a veces gana una y otras gana la segunda. De hecho, esto es lo que siempre me dicen mis pacientes en un proceso de duelo: "No voy a poder con esto, Gaby, no voy a poder".

Yo sé que sí, pero por un tiempo tengo que prestarles mis ojos para que ellos mismos lo crean. Para que se vean a través de mi mirada y no tras esa catarata de dolor que nubla su visión.

¿En qué radicará el miedo a ser abandonado si el amor debiera darse en absoluta libertad? A veces podemos decir: «si quieres irte, pues vete». ¿Por qué querer retener en vida a nuestro compañero o compañera a fuerza o en contra de su voluntad? O si bien el abandono no es voluntario, con mayor razón deberíamos poder soltar, creer en un destino, y si hay fe, pues ponerla en práctica sabiendo que la persona que murió está lejos de nosotros, pero está cerca de

Dios y cuidada por Él, allá a donde nuestras alas ya no alcanzarían a cobijarla.

¿Por qué temo a ser abandonado?

1. El juicio de los demás.
2. Mi triste realidad.
3. No me caigo bien a mí mismo y necesito compañía de otros porque la mía no me es agradable.

Estos son tres puntos importantes a considerar y los exploraremos a detalle.

1) *El juicio de los demás.* Muchas veces vivimos una vida en función de las expectativas o los deseos de los otros, llámense nuestros padres, hermanos o sociedad misma. Por eso, cuando algo no sale de acuerdo con el plan original, pensamos que nuestra separación viene a demostrarles a los demás que ellos estaban en lo correcto y nosotros equivocados. Pareciera que nuestro dolor prueba que ellos estaban bien con respecto a lo que pensaban que iba a suceder y simplemente no queremos darles ese gusto.

Todos los seres humanos necesitamos sabernos buenos, valiosos, y si entendiéramos al abandono como que la persona que se fue se pierde de nosotros y no nosotros de ella, todo sería mucho más llevadero. En el caso de la muerte, quien se va nunca pierde, pero yo debo haber aprendido a amar sin necesitar de la presencia del otro. Esto finalmente es el amor maduro.

Existe entonces un tema de ego implícito en este asunto del abandono: "Yo te necesitaba y tú me dejaste. ¿Cómo es posible que me hayas hecho esto a mí?".

Creamos historias complicadísimas para justificar frente a los demás el que estemos solos, el que nuestro compañero se haya ido; o bien si se trata de un abandono por muerte, no queremos que nos juzguen, que los demás opinen si hicimos algo o dejamos de hacer alguna cosa que hubiera podido evitar lo que pasó.

Cabe aclarar aquí que la muerte siempre se vive como un abandono, aunque no haya sido voluntad de quien fallece morirse, y aunque sí lo es en el caso de un suicidio. Por las condiciones que sean, no estás aquí a mi lado y mis emociones lo viven como un abandono, me dejaste.

Normalmente, el trabajo de un tanatólogo es muy noble, pero de vez en cuando te topas con alguna persona muy enojada con la vida. Ve en ti al costal de box con el que puede desquitarse. Duele; aunque entiendes lo que le pasa, no dejas de ser receptor de mucha energía negativa. La persona no está pudiendo lidiar con lo que le pasa. Comparto con ustedes esta anécdota que ayudará también a ilustrar el campo real de acción de la profesión:

Marcia estaba seriamente enferma con un cáncer muy agresivo que la tenía postrada en una silla de ruedas, sin energía alguna y con un cuerpo que no le respondía, pero con una fe y una voluntad de vivir inquebrantable. Me contactó su esposo y quería que la visitara y hablara con ella. Nunca me lo dijo abiertamente, pero con el tiempo entendí que me buscó para que yo la hiciera entender que iba a morir, que ya no quisiera someterse a más quimioterapias ni tratamientos tan extenuantes y costosos que no estaban surtiendo efecto.

Un día después de varias visitas mías a su ejemplar mujer, me llamó furioso diciendo que mi trabajo no estaba sirviendo para nada. Me gritó por el teléfono; me expresó que su mujer seguía sin aceptar que iba a morir y que aún no se despedía. Él estaba aterrado de ser abandonado, de quedarse aquí a cargo de una casa, un negocio y tres hijos que se negaban a aceptar que su madre iba a morir.

Marcia había hecho su proceso de duelo, había cerrado círculos, perdonado todo, incluyendo las infidelidades de su esposo, y su frialdad, pero esperaba un milagro, un avance de la ciencia, amaba la vida. ¿Quién era yo para quitarle esa esperanza? ¿Quién era nadie para hacerlo? Un tanatólogo no te prepara para morir, como si ello significara agarrar pista para despegar; te habilita para vivir en paz y con calidad hasta el último aliento que te sea concedido. Irte sin enojos, sin exceso de equipaje y con la satisfacción del deber cumplido.

Yo seguí viéndola porque ella así lo dispuso; se sentía bien con nuestro trabajo y yo finalmente estoy al servicio de quien me necesita, no de quien paga mis servicios. Marcia murió meses después, una guerrera hasta el final, y la recuerdo con cariño. Murió en su momento, no a conveniencia de nadie más ni cuando otros consideraban que ya estaban listos para su partida.

Incapaz soy de juzgar, porque atrás de todo esto el verdadero grito en silencio de Gilberto hacia su mujer era: "No me abandones, no sé cómo hacerlo sin ti".

2) *Mi triste realidad*. Es una gran ironía que siendo mía, si no me gusta no haga algo por transformarla. En cambio, me rodeo de personas

que adornan mi realidad, la complementan, la ocultan, y así hacen más llevadera mi existencia. Eso suena a que usamos a los demás, ¿no es así? Pues en parte esto es cierto, los usamos como cortina de humo para no ver lo que tenemos que cambiar o modificar en nuestras vidas. Nos mantienen ocupados, nos distraen de lo que deberíamos de estar haciendo. Por eso pesa tanto el abandono, nos pone frente al espejo de quien somos realmente.

3) *No me caigo bien*. Hay ciertos trances en nuestra vida que debemos vivir solos: una enfermedad, el dolor, la experiencia que te hace crecer, etcétera. Uno se siente desolado. Aunque estés rodeado de personas, hay una parte que se experimenta en total soledad. ¿Qué mejor que encontrar en nosotros mismos un aliado? Si me caigo bien, si no me juzgo severamente y me ayudo a transitar las noches oscuras que se me presenten, entonces el que no haya alguien junto a mí no parece tan atemorizante. Pero si sé que al quedarme solo voy a estar torturándome, recriminándome y siendo mi detractor número uno, entonces lo que vivo se vuelve insoportable.

En un bebé o un niño pequeño es normal este miedo al abandono porque responde a una supervivencia. "Sin ti no puedo sobrevivir, te necesito para comer, vestir, y cubrir todas mis necesidades afectivas, emocionales y físicas", pero en un adulto ya no se trata de sobrevivir, sino de codependencia, falta de autoestima y miedo.

El miedo estorba, es manejar un carro deportivo muy veloz pero con el freno de mano puesto, lo cual eventualmente acabará tronándole la caja de velocidades. Es hacer de nuestra vida, como dijo Mario Benedetti en su novela *La tregua* (2ª Edición, México, Diógenes, 1974): "Un éxito malgastado es mucho peor que un fracaso".

Debemos pasar el miedo al asiento del copiloto y no al del conductor, porque puesto ahí de seguro nos llevará a estrellarnos. El miedo muchas veces paraliza y vemos situaciones irresueltas por años, suspendidas en el tiempo, como malos matrimonios, amistades superficiales y trabajos insatisfactorios.

El cambio es necesario para el crecimiento y la evolución, por eso hay que escuchar nuestra voz interior y desoír el miedo.

Codependencia

Las investigaciones de la medicina actual ponen de relieve la profunda correlación entre la incidencia del estrés y la salud de las personas. La codependencia es una modalidad de comportamiento vincular que conlleva un alto nivel de estrés. Las enfermedades de carácter orgánico, así como las emocionales, quedan asociadas tanto al sufrimiento padecido dentro del vínculo como al descuido y el abandono de su propia persona, característico de la personalidad codependiente.

En el servicio prolongado de una profesión empiezas a dejar de rendir de la misma manera, no disfrutas lo que estás haciendo. Tu paciencia y tu tolerancia se verán disminuidas y tu cuerpo comienza a manifestar síntomas de que necesita un cambio.

Ya nada te llena, dudas si escogiste la profesión correcta y no das calidad de tiempo a quienes prestas el servicio. Pierdes tus ideales. No te reconoces en lo que ahora eres y puedes empezar a sentirte explotado.

El codependiente realiza su tarea de manera controladora, obsesiva, compulsiva y perfeccionista. Igual que si fuera una profesión, esta modalidad acarrea con el tiempo una cantidad de estrés que puede culminar en lo que se denomina síndrome de *burn-out* (o del quemado), que se caracteriza por diferentes síntomas y afecta todas las áreas de desarrollo de una persona. Este síndrome se manifiesta ante el desempeño ininterrumpido de una profesión o una actividad muy demandante. Girar tu vida en torno de alguien es el oficio más desgastante del mundo.

Áreas en las que afecta

Afectiva; siento...
- Miedo.
- Depresión.
- Fatiga.
- Culpabilidad.
- No siento deseos de encontrarme con colegas.

En el área conductual manifiesto...
- Baja productividad.
- Aburrimiento.
- Excesos en: cafeína, alcohol, cigarro y drogas.

En el área física presento...
- Alteraciones en el sueño.
- Jaquecas frecuentes.
- Tensión muscular.

En el área de relación con los demás...
- Los procesos de comunicación se dificultan.
- Busco aislamiento.
- Conflictos interpersonales.

Y así, desgastados en nuestra profesión o en una relación (ya que el término *agotamiento* bien puede emplearse para las fórmulas familiares de relación), vivo el abandono como lo peor que pudiera ocurrirme, ya que me asumo como víctima.

Técnicamente solo puede abandonarse a un bebé indefenso, a un niño pequeño, a un anciano o a un animalito que depende de nosotros, pero a un adulto sano y funcional ¿cómo podría abandonársele? La gente se va, nos deja, pero sentirte abandonado tiene más que ver contigo que con lo que hagan los demás. Es una sensación que obedece a miedos internos, que se conecta con este miedo primario de "sin ti, no puedo sobrevivir".

La estrategia de muchas personas es volverse muy indispensables en la vida de otros para que así —porque los necesiten— no los dejen. Esta no es la base del verdadero amor o la verdadera amistad o fraternidad. Yo debo estar contigo porque te quiero y no porque te necesito, lo cual responde más a un amor infantil. El poema de Mario Benedetti "Táctica y estrategia" ejemplifica muy bien este tema.

Abandonar los ideales

Nuestros sueños y nuestras metas nunca nos abandonan, somos nosotros quienes nos olvidamos de ellos.

Los traicionamos con conformismos y renuncias, y sin embargo, somos nosotros los que nos sentimos abandonados.

En el sentimiento de abandono uno cree que pierde todo lo bueno que produce la compañía de otras personas. Además, también utilizamos la palabra *desamparo* para nombrar el sentimiento de no recibir de los demás ayuda o amparo y protección. Esto se percibe en situaciones en las que alguien vive sumido en el abandono y en el aislamiento.

Aquí pongo a su consideración un ejercicio que desarrollamos siempre en mis diplomados y cursos y que sirve para acompañarte a ti mismo.

Toma una cartulina blanca y un montón de revistas viejas que puedas conseguir. Con tijeras en mano ponte a recorrer las páginas y recorta todo aquello que te llame la atención. Deja que las escoja tu corazón o tu intuición, más que la razón; es decir, no pienses para qué te va a servir, o qué vas a hacer con esto, solo déjate llevar. Después divide en ocho grandes grupos tus recortes: *1)* Lo que tenga que ver con tu físico y tu salud, *2)* Cosas materiales que quieras poseer, *3)* Espiritualidad, *4)* Vida social, *5)* Amor y sexo, *6)* Laboral; qué te gustaría lograr, *7)* Familiar, y *8)* Lo intelectual.

Ahora pega en la cartulina los recortes (agrupados), de manera que te quede un *collage* con todas estas áreas de oportunidad; fírmalo y ponle la fecha. Comprométete con tus deseos y hazlos realidad; dales forma de proyecto de vida y no lo arrumbes en el armario; pégalo en algún lugar en donde lo veas todos los días y, como si fuera una hoja de ruta, dirígete hacia él. Te sorprenderás de los resultados. No es una carta a Santa Claus, es una visualización, una tabla visionaria de hacia dónde te diriges.

En la situación de abandono, uno se nota indefenso; valora que no es suficientemente fuerte como para defenderse a sí mismo; se siente desamparado, huérfano, desvalido… Este sentimiento también puede ligarse con el de soledad. Quien se siente abandonado también suele sentirse afligido, rechazado y triste. Cambia su sensación de seguridad por la de inseguridad.

Otra connotación de este sentimiento de abandono tiene que ver con la cesión de control, cuando una persona valora que los acontecimientos le resultan incontrolables. Esto implicaría una claudicación, ceder, rendirse o someterse, lo cual, a su vez, inhibe la motivación y hace que el sujeto deje de actuar y se introduzca en una fase de pasividad desesperada. Así les sucede a las personas mayores que han sido patriarcas o jefas de familia y ahora tienen que dejar el "poder" porque ya no es posible continuar su mandato. Se encuentran terriblemente tristes y asustadas. Cuando alguien se siente impotente para cambiar una determinada situación o un estado de ánimo, esto puede desembocar en una sensación de desesperanza y orillarlo a una depresión.

Sentirse abandonado por el marido, la mujer, el hijo, la madre, el padre, la comunidad o los amigos significa apreciarse aislado, dejado a su suerte. Es importante subrayar que este sentimiento no es una emoción. Mal llevada, la sensación de abandono se traduce en una serie de manifestaciones físicas y psíquicas que pueden ir desde la simple impresión de tener el corazón encogido de ansiedad hasta tornarse en agresividad. Pero lo que predomina, sobre todo, es la renuncia y el repliegue en uno mismo. La persona que ha sido abandonada siente culpabilidad y una gran desvalorización. Esta, aunque no sea más que una manera de ver las cosas debido a la mente, provoca que quien se advierte abandonado deduzca que no es digno de ser querido.

Eugenio, nuestro personaje de la historia inicial de este capítulo, tiene que enfrentarse a la realidad de que su hijo ha muerto; no lo ha abandonado, simplemente cumplió su destino. Tiene que trabajar esta sensación de abandono que experimenta y asumirse como adulto a cargo de su propia existencia, con una misión propia que cumplir y no con un destino de terminar la historia comenzada por quien ahora no está a su lado. No ser víctima, no ser niño, ser responsable y vivir su duelo y su dolor con absoluto protagonismo. Esta es su vida y no puede renunciar a su aprendizaje.

Amar a alguien enormemente no debe ser motivo para no seguir adelante sin esa persona que, como decimos en México, se nos adelantó en el camino. Debo continuar con la frente en alto, con el corazón abierto para que le quepan más personas, recordando a quien murió con una sonrisa en los labios porque finalmente tuvimos el privilegio de tenerlo en nuestras vidas.

Te pregunto: de haber sabido que dolería tanto perderlo, ¿hubieras preferido no conocerlo nunca? Si este sufrimiento es ahora el precio que debes pagar por haberlo conocido, ¿lo pagarías? Yo sí; es parte del riesgo de vivir y lo asumo.

2
El miedo a la muerte

Arrastrar me dejo por un miedo
que es fuego y mi muerte la pienso
como un incendio de ausencia.

GPI

*Quien no recluye su propia muerte
en el futuro lejano de la "hora de la muerte",
sino que la practica a lo largo de la vida,
tiene una actitud fundamental ante ella.*
HANS KUNG

Ramón acaba de perder a su madre, una pérdida dolorosa sin duda, pero siente una angustia casi inexplicable. Depresión es algo que tiene que ver con nuestro pasado, pero angustia tiene que ver con futuro. Analiza detenidamente lo que piensa y siente, y descubre el origen de esta sensación. Tiene miedo a morir, temor a dejar desprotegidas a sus hijas, y que la muerte lo sorprenda sin haber alcanzado sus metas y la felicidad anhelada.

Es muy frecuente que ante la muerte de la madre o los padres nos entre esa sensación de desprotección propia de la orfandad, tengamos la edad que tengamos. Eran quienes más creían en nosotros, ahora nos corresponde ocupar justo ese sitio.

El caso de Ramón es más común de lo que pensamos, aunque se encuentre en la plenitud de su vida, en salud y facultades completas, de todas maneras él presiente algo terrible, un final, una separación. ¿Qué puede hacer?

Si no le vemos el rostro a nuestro perseguidor percibimos su respiración, corremos y corremos tratando de huir, pero él está ahí, pisando nuestros talones.

La propuesta es detenernos, dejar de correr o de vivir con miedo.

¿Qué hay detrás del miedo a la muerte?

Mi hipótesis es que lo que se esconde subterráneo es un miedo a vivir o que la muerte nos sorprenda sin haber vivido plenamente. Como buenos negociadores, pensamos que si la muerte nos concediera dos o tres años más, entonces sí cumpliríamos lo que no hemos realizado. Este vivir con pendientes nos mantiene asustados y en ocasiones hasta paralizados frente a la idea de un final sin segundas oportunidades.

El miedo a la muerte no se presenta únicamente en personas que atraviesan un proceso de duelo o situaciones de pérdida, también está activo a manera de luto anticipatorio muy *inhabilitante* en muchas

personas que enfrentan el día con día con cierta zozobra.

Cuando se manifiesta, este miedo nos impide comprender, apoyar, consolar u orientar en momentos de
desgracia, y tampoco nos permite disfrutar al cien y
con profundidad los instantes de felicidad y gozo.
¿No han escuchado por ahí a personas decir: "Estoy
tan feliz, que hasta me da *miedo*", "Todo va tan bien,
que me da *miedo* que algo pase"? En este sentido, el
presentimiento de que algo va a ocurrir se vive como
si existiera una divinidad o poder superior que, sen-
tado en su trono celestial, observara desde ahí quién
está "demasiado" feliz y le enviara una desgracia
para nivelar su grado de contento, o como síndrome
del impostor, en el que uno no se siente merecedor
de dicha felicidad y piensa que le será retirada una
vez que noten el error cometido.

Esto no sucede así afortunadamente, la felicidad
o el éxito no se castigan, como tampoco se graba la
deshonestidad ni la mentira. Todo pasa simplemente como tiene que pasar, no como quisiéramos que
ocurriera.

El fenómeno de la muerte es una realidad humana, no una diversión o perversión de los dioses,
ni siquiera una traición. Es la única promesa cierta
que tenemos en la vida: algún día habremos de morir; pero como no conocemos tiempo y circunstancia,

debemos vivir la vida con intensidad y plenitud, asumiendo que cada día pudiera ser el último no nada más para nosotros, sino también para nuestros seres queridos. Personas o personitas que son prestadas, que están de paso por esta vida y que hemos tenido la fortuna de conocer y abrazar, pero que nadie nos ha prometido que se quedarán ahí para siempre.

No se trata de vivir con angustia esta posibilidad de perderlos, sino de valorar su presencia a cada instante y no dar por sentadas ciertas cosas, que por cotidianas pueden escapar a nuestra sensibilidad. La madre Teresa de Calcuta decía que a las cosas ordinarias había que amarlas de manera extraordinaria.

Esta actitud expectante y temerosa ante la muerte es común en buena parte de Latinoamérica. Es una manera personal de enfrentarnos a situaciones como el diagnóstico médico, las decisiones por tomar, dilemas y opciones en el buen morir.

En México, específicamente, incluimos un factor de "mala suerte" cuando algo nos ocurre, cuando en realidad el cáncer lo compramos cajetilla a cajetilla o la diabetes es la cuenta de ahorro de nuestros ayunos prolongados, o dulces y pasteles consumidos. No nos responsabilizamos de la parte que nos toca asumir frente a la enfermedad.

La muerte es una graduación asegurada; desde que cursamos el primer año debemos entender que el aprendizaje y la enseñanza tienen un fin, y que habrá un cierre de este "ciclo escolar". Las últimas lecciones se dan desde la muerte y se reciben a distancia.

Reírse de la muerte

Los mitos y las tradiciones nos colocan en una posición de víctimas frente a lo inevitable, y como cultura mexicana hemos adoptado una postura de burla y risa frente a la muerte con un afanoso intento de ser nosotros quienes la manejemos y no al revés. La convertimos en calaverita de azúcar, la hacemos verso y la vestimos de *Catrina*, pero el miedo que sentimos por ella es el mismo. La nuestra es una cultura negadora de la muerte, la trivializa. La pone fuera de nuestros hogares, prefiriendo funerarias a la sala de nuestra propia casa; se evita el luto para volver lo antes posible a la "normalidad" y todos los rituales que conlleva tienden a desaparecer. Queremos que a toda velocidad se reanuden actividades, ignorando el profundo valor de la tristeza. Es un tránsito doloroso en la vida, pero no hay que salir de él a toda prisa, conviene quedarnos hasta asegurar que hemos integrado el significado y la enseñanza que trae consigo el dolor.

Qué haría si mañana fuera mi último día

Sabiendo que se aproxima mi final, lo prepararía días antes: rentaría la serie de *Lost* para verla completa; arreglaría todas mis cuentas de banco, los seguros; regalaría todas mis cosas a mi familia. Pediría perdón a toda la gente que pude haber lastimado, dormiría bien y estaría bien descansado para no estar de mal humor en mi último día.

Esa mañana, levantarme lo más temprano, poner toda la música que me gusta; a todo volumen unas dos horas.

Desayunar una rica barbacoa.

Preparar la Navidad aunque yo ya no vaya a estar presente; ver por última vez mi árbol navideño y hacer que mi familia trate de disfrutarla.

Una sesión de fotos con Ana y yo (muchas fotos).

Algo que me dolería si mañana fuera mi último día es no haber tenido hijos, así que acudiría a un banco de esperma para dejar a mi futura descendencia.

Grabaría un pequeño video para ellos y para las personas que no estén presentes al momento de mi muerte.

Tendría que conseguir un Ferrari para manejarlo.

Ir con mi vecina (que me gusta desde niños) con mi guitarra y decirle que me fascina, mirarla a los ojos y plantarle un beso que recuerde para siempre.

Manejar una Harley-Davidson.

Hablar con Ana (una ex novia), decirle que es una gran mujer, que la admiro y la seguiré amando siempre.

Organizar una comida con toda mi gente y despedirme de cada uno de ellos. De mi papá y mis hermanas con un sentimiento de tristeza, pero muy feliz porque me reencontraré con mi mamá, la abuela, el abuelo y mi perro.

ENRIQUE (23 años)

Y tú, ¿qué harías? Probablemente no sepamos cuándo sea el último día, así que realiza todas esas cosas de las que aún tienes ganas; vive a plenitud.

No quiero ser severa, y entiendo que si no hay confianza en vivir no se puede avanzar. ¿Con qué tranquilidad serías un atleta si no supieras que tu cuerpo puede repararse ante una fractura? Tendrías miedo, cuidados excesivos que probablemente te llevarían a cometer errores y dejar pasar oportunidades. De la misma manera, pensamos que ante la catástrofe no tenemos la posibilidad de reconstruirnos y esto es un error. Debemos vivir con la absoluta certeza de que, pase lo que pase, saldremos adelante, y que la vida no nos manda nada con lo que no podamos luchar. Pensar así no es darle permiso a la vida de que nos pasen cosas ni asumirnos como invulnerables ante las penas. Es que las cosas van a pasar de todas maneras y debemos fluir con ellas.

Hay quien piensa que ser fuerte es como una maldición, porque parece ser que entre más fuertes somos más cosas duras nos ocurren porque podemos con ellas. No es así, la fortaleza emocional es una herramienta más con la que contamos, pero no nos predispone a ser víctimas de más pesares. Fuertes y débiles tendrán que darle una respuesta a la vida, llegado el momento.

Vacuna contra el dolor

Entre más me involucra mi trabajo a acercarme a la muerte, más la respeto y mayor y más intenso es mi compromiso con la vida. No me he vacunado contra el dolor, no existe tal inoculación, y asumo como parte de mi responsabilidad profesional y social ayudar a que la muerte deje de ser tabú para la mayoría de los mexicanos.

La única prevención posible es abrir un espacio de educación sobre la muerte y reflexionar acerca del tema, que finalmente todo viene siendo la otra cara de la vida y por ello parte fundamental de la misma.

Con la muerte podemos hacer muy poco; es inevitable, irreversible y absoluta, pero sobre la vida es posible todo y no debemos permitir que por miedo a que se acabe no la disfrutemos en todo su potencial, y no nos responsabilicemos y comprometamos con los procesos.

Ahora que si verdaderamente no quieren sufrir, la receta es muy sencilla: aíslense de todo el mundo, no establezcan relaciones significativas, no toquen a la gente y ni siquiera lean libros que despierten sentimientos e ideas de acercamiento. Vivan con guantes de cirujano puestos, no hagan el amor, no besen a sus hijos, no se rían y solo así puede (solo tal vez) que logren no sentir por nadie afecto ni emoción alguna. Es probable que así no sufran ante las pérdidas. Me parece un costo muy alto, muy parecido a morir en vida.

La muerte de un ser querido es por mucho la experiencia más profunda, emocionalmente hablando, que podamos experimentar. Lidiar con la profundidad y el tiempo de duelo que le sigue es sin duda el reto más doloroso y perturbador de nuestras vidas.

Perder la independencia y la autosuficiencia

Les tengo tres preguntas; la primera es: ¿a qué edad se quieren morir? La respuesta seguramente variará entre los 40 y los 99 años. Generalmente, la cifra cerrada de 80 años es la respuesta número uno, pero si bien es cierto que la mayoría somos muy negociadores y queremos exprimirle hasta el último segundo a la vida, me doy cuenta de que detrás de cifras frías lo que persiste es el miedo a vivir más allá de un momento en que se pueda ser autosuficiente e independiente. Esto nos habla de que, más que miedo a la muerte, lo que tememos es en qué condiciones llegaremos a ella.

Es cierto que la enfermedad trae consigo muchas indignidades, pero estas pueden compensarse con un trato digno al enfermo. Recordemos cuando había un bebé en casa, la verdad no era terrible cambiarle un pañal, o repugnante limpiarle la boca. ¿Por qué tendría ahora que serlo con una persona mayor? Si nuestro padre o madre nos necesitan, ¿por qué sería humillante llevarlo al baño o ayudarle a enjabonarse? Lo que sí es muy importante es que cultivemos relaciones de amor significativas para que, si tienen que cuidar de nosotros, lo hagan con cariño, no con cara de empleados trabajando únicamente por recibir algo a cambio.

La muerte no ocurre cuando naturalmente debiera. La muerte natural es la menos normal de las muertes hoy en día. Esto se conecta con la segunda pregunta: ¿cómo se quieren morir? Y segura estoy de que la respuesta número uno sería: "Durmiendo". Me preocupa, porque eso significa que se la quieren perder, no pretenden darse cuenta de su muerte y me pregunto si no les pasará de igual manera con la vida. Que se les pase "de noche", tan rápido, tan inconsciente, que se la pierdan. Esta respuesta nos habla también de otro factor importante: más que miedo a la muerte en sí, se le teme al dolor.

Recuerdo que un periódico de circulación nacional hace unos años realizó una encuesta con motivo del Día de Muertos, en la cual preguntaba que si te garantizaran que no habría dolor y la posibilidad de regresar, ¿estarías dispuesto a morir para saber qué hay del "otro lado"? La respuesta fue contundente: ¡Sí! Eso nos prueba que, además del miedo al dolor, el mexicano es muy curioso y le intriga qué habrá en el otro mundo. ¿Será este el final final? Y muchas dudas más.

Morir es un proceso que empieza en el instante exacto que comienza la vida, desde ahí ya eres candidato a morir y debes responsabilizarte de cada paso de tu vida, incluyendo su final.

Morir no duele; puede ser que la agonía sea larga y dolorosa, llena de sufrimiento y angustia, pero el instante en sí de la muerte es un momento de bienestar generalizado, de aparente mejoría médica y luego de una gran paz. Inclusive los familiares de un enfermo terminal suelen pensar que está saliendo del peligro por la aparente mejoría que presenta, semblante, reflejos, estado de alerta… todo parece mostrar un incremento significativo.

Personas que han estado a punto de morir o clínicamente muertas por unos segundos relatan sus vivencias sin angustia, desesperación o frustración. Por el contrario, algunos hasta se han molestado porque los "traigan" de vuelta, pues estaban muy felices reunidos con sus seres queridos y en un lugar maravilloso. Eso cuentan los sobrevivientes, y son tantas las versiones que coinciden y a su vez tantas las explicaciones médicas que se dan para esos fenómenos, desacreditándolos como experiencias sobrenaturales, que prefiero dejarlo al criterio de cada uno de ustedes. Pero no podemos negar que es tranquilizador saber que ni será tan doloroso como imaginamos ni estaremos solos, sean cuales sean las condiciones en que la muerte se presente.

La soledad de la muerte

Aquí les va la tercera pregunta: ¿quién les gustaría que estuviera con ustedes en el momento de su muerte? Muchos contestarían que nadie, porque no quieren hacerlos pasar por eso, sin saber que los estarían privando de uno de los privilegios más finos que tiene la vida: acompañar a alguien en el momento de su muerte. Otros contestarían que sus seres queridos, su pareja o Dios, y es curioso ver que nadie pone ahí a su jefe, al dueño de la empresa para la cual trabaja, ni al gobierno de su país y, sin embargo, en vida son estos últimos a quienes más dedican su tiempo, su energía, y tienen los reflectores puestos hacia ellos.

Si queremos que nuestra familia nos acompañe hasta el último aliento, debemos dedicarle calidad de tiempo ahora, cultivar las amistades, alimentar la pareja, ya que de otra forma probablemente ya nos hayan abandonado para cuando llegue ese día.

Volvemos al punto donde la muerte nos confronta con cómo estamos viviendo nuestra vida, y parte del miedo que sentimos por ella es que no tenemos la satisfacción del deber cumplido.

Siempre escuchamos que la vida se pasa demasiado rápido y así es, algún día esas palabras saldrán de nuestra boca, pero ojalá el tono en el que las pronunciemos sea de nostalgia y no de arrepentimiento.

Al pasar el duelo lo que debe prevalecer es un inmenso sentimiento de gratitud, agradecimiento por haber tenido a esa persona en nuestra vida y todo lo que con ella trajo. Si persiste el enojo, algo hemos hecho mal en el camino. La gratitud nos da la energía que necesitamos para reinsertarnos en la vida.

¿Qué hay más allá?

"Ir al otro lado", "estirar la pata", "colgar los tenis"…
como quieras plantearlo, siempre trae consigo una
gran interrogante: ¿qué habrá del otro lado?

México, un pueblo católico en su mayoría, fue
criado con la idea de un cielo y un infierno, un Dios
que te recibe en su regazo, pero también te pide
cuentas en un juicio final. Ángeles, espíritus y demo-
nios, todo eso confluye en un universo mágico lleno
de superstición y misticismo; pero respuestas con-
cretas… pocas, muy pocas.

La verdad es que nadie recientemente ha regresado a contarnos cómo es el otro mundo, cómo te reconoces allá con los tuyos que murieron antes que tú;
¿vuelves a tener tu cuerpo?, ¿tienes necesidad de algo?
Imaginamos todo, pero no sabemos nada. De lo que sí
podemos estar seguros es que la muerte también es
liberadora, nos quita de un cuerpo que tiene dolen-
cias, que con los años padece achaques y en ocasiones
vive con incapacidades. La muerte acaba con el dolor,
ya llegamos a puerto seguro y nada más habrá de pasarnos. Cosa que no podemos afirmar de los vivos,
que podemos ser sujetos a un secuestro, maltratos o
encarcelamiento. Verdaderos infiernos en vida como
lo son también las adicciones.

Muchas personas han pedido a sus familiares que
les manden una señal al llegar al cielo o a donde sea

que vayan a habitar ahora. A veces esa señal no llega, otras muchas se interpreta en un ave que vuela, en un arco iris o un fuerte aguacero. Leemos lo que necesitamos leer como mensaje de alivio, pero no porque los que murieron tengan necesidad de comunicarse con nosotros; somos nosotros quienes aún seguimos atados a ellos. Qué cruel sería la idea de alguien que está en el cielo o en el espacio y desde ahí todo lo ve y no puede hacer nada para modificarlo. Eso surgió como un consuelo para sentir que la persona no se va del todo, que sigue cuidándote y así no sientas el desamparo.

Desapegarte del ser querido toma tiempo, por eso hay un velorio que dura horas para que puedas ver el cuerpo, sentir su frialdad mortuoria, entender con tus cinco sentidos lo que ha pasado. Luego viene la inhumación o la cremación y te entregan las cenizas para que las tengas contigo un tiempo antes de depositarlas en un nicho. Se visita este sitio con frecuencia para engañar a la mente pensando que "vamos a ver" a nuestra persona amada; no la ves, pero entras en contacto con una pared de mármol donde detrás yacen sus restos, y así poco a poco tu mente y tu corazón asimilan que ya no está contigo, que no puedes acompañarlo más, y tienes que seguir adelante con tu vida.

Pienso yo que al morir tus padres o quienes creían en ti, ha llegado el momento —si no lo has hecho antes— de responsabilizarte de tu propia vida, crecer y cuidarte. Buscar tu propia suerte y asumir tu corresponsabilidad en las cosas que te pasan.

Pensar que alguien nos vigila puede crear hasta sentimiento de culpa en los niños que se asumen descubiertos al copiar en un examen o meterse el dedo en la nariz. Los muertos en su espacio, los vivos en el suyo. Eso es lo sano, y el único sitio común donde se mezclan ambos mundos es en el corazón, porque la muerte acaba con la vida de una persona, pero no con lo que sentimos por ella.

Finalmente, la muerte es un misterio que siempre ha intrigado al hombre desde la era cavernaria. Ha creado fantásticas ideas de cómo actúa, cómo te espera o te busca, pero pocas veces se le ha dado el noble lugar que debe ocupar. La muerte es parte de la vida, no un capítulo aparte. Es la culminación de una obra de teatro que no sabemos cuántos actos va a tener.

Como decía Octavio Paz, escritor mexicano, Premio Nobel de Literatura: "Vida y muerte son frutos de una misma raíz".

Debemos aceptarla como aceptamos la vida, reconocer la vejez como apreciamos la juventud, decir sí a la enfermedad como tomamos la salud. Son las dos caras de una moneda que cuando la tomo en mis manos me es imposible separar cara de cruz. Vida y muerte cohabitan en nosotros.

La muerte no es lo peor que puede pasarnos, y en lugar de torturarnos pensando por qué sucedió, deberíamos suponer que llegó en el momento en que tenía que presentarse, no cuando quisiéramos ni como hubiéramos querido, sino cuando tenía que llegar como parte de un orden perfecto del universo.

Ya sé que al leer esto muchos de ustedes estarán diciendo: "Sí, pero mi hijo era aún muy joven", o "Le faltó tanto por vivir a mi esposo", o "A mi abuelita le hubiera encantado ver graduarse a sus nietos"... lo entiendo, esa es nuestra percepción.

Elisabeth Kübler-Ross, madre de la tanatología, comentaba que algunas flores tardan todo un año en germinar, permanecen bajo tierra, y por fin salen a ver la luz para vivir un solo día. ¿Para qué tanto trabajo si solo poseerán 12 horas de sol? Vienen con un mensaje muy poderoso; a demostrarnos que la primavera existe. Son una renovación de fe en la vida, traen un legado y una misión importante que debemos descubrir y aprender a agradecer su vida, en lugar de maldecir su muerte.

Todos sabemos que va a ocurrir y lo decimos, aunque de dientes para fuera: "Ya pasó a mejor vida", "Todos vamos para allá", pero no nos lo creemos y cuando la muerte llega parece ser una equivocación, una mala pasada del destino. No lo aceptamos, porque si de verdad asumiéramos que vamos a morir algún día, tendríamos un proyecto de vida aterrizado, seríamos felices sin desperdiciar tiempo (el recurso más costoso y escaso) en rencores, resentimientos y no perdón. Seríamos agradecidos porque la vida debe asumirse como un regalo, sin certificado de permanencia, sin membresía vitalicia, pero eso sí, un regalo maravilloso.

Pensar en qué será de mis hijos o seres queridos si yo falto es una cuestión que literalmente le quita el sueño a algunos padres, pero piensen que el insomnio llega para recordarnos que hay asuntos que no hemos enfrentado o cosas pendientes por hacer. En cuanto empiezas a ocuparte de ellas, tu mente descansa y te deja dormir.

No es vida estar martirizándose pensando qué van a hacer sin mí, sin mi apoyo económico o sin mi guía. Ellos van a estar bien, la vida abre caminos, pero yo también tengo que trabajar, ser previsor y buscar dejarlos lo mejor asegurados posible, cuando sea que llegue ese momento. Es decir, mantener mis asuntos en orden: papeles, títulos de propiedad, testamento, sucesión, etcétera, para no heredar problemas, trámites engorrosos y deudas.

Eso también es parte de amar a alguien, hacerte cargo de tu vida hasta el final y no esperar a que otros la resuelvan por ti. Seguros de vida, seguro de gastos funerarios y disposiciones finales…

Cuando se tiene un hijo con alguna discapacidad, debemos nombrar un padrino, alguien que a nuestra falta pueda hacerse cargo de él. Dejar recursos por si tienen que internarlo si nadie pudiera cuidarlo y luchar día con día para que alcance su mayor grado de independencia. Debemos estar ciertos de que no seremos eternos, pero no desgastarnos en un duelo anticipatorio por algo que aún no ha llegado y cuya preocupación nos impide darle una respuesta a la vida en el momento actual.

Muchas personas tratan de entender su duelo, de hacerlo de manera cerebral y fría, pero esto no funciona así, es un proceso de descubrimiento de nosotros mismos, de soltar y sanar.

Dejen hablar a sus seres queridos enfermos o ancianos sobre el tema de la muerte, decirles que ya no hablen o no se preocupen corta la comunicación. Hablar de la posibilidad de la muerte calma mucho la tensión. Cuando un enfermo terminal quiere decirles a sus hijos dónde están guardadas las alhajas, cómo tiene los papeles y demás, enseguida uno de ellos comienza a pedirle que no hable de eso, que no externe tonterías porque no se va a morir. La verdad es que debemos dejar que las personas enfermas o sanas, si así lo desean, nos den sus disposiciones y sus instrucciones, como seguramente lo han hecho toda la vida.

Si eres alguien a quien le ha gustado ejercer gobierno sobre su propia vida, o inclusive un poco controlador, ¿quién dice que en el proceso de morir no deseas serlo también? Dejen a las personas hablar, saquen el tema a la luz y sugieran que ordenen sus cosas. Hablar de eso no significa ser un buitre que está rondando las pertenencias o las propiedades de quien habrá de morir, es ser alguien con cabeza que trata de evitar futuros conflictos. Todos estos asuntos no resueltos distraen en su momento a los dolientes de vivir lo que realmente deben vivir, que es su aflicción.

Así que un poco de ahorro y previsión nos regresarán el sueño, y también mucha fe no entendida de manera religiosa, sino asumida como que las cosas pasan de la mejor manera que tienen que pasar, y creer que la vida va desenvolviéndose poco a poco frente a nosotros, sin que todo el peso de la responsabilidad caiga sobre nuestros hombros. El cerebro debe seguir al corazón a una distancia respetuosa en todos estos procesos.

También como padres debemos asumir la paternidad como un ir caminando cada día para que seas más independiente y me necesites menos. Lo que pasa es que es tan reconfortante saber que eres el bálsamo que tu bebé necesita para dejar de llorar, que en tus manos está la solución a sus problemas, que estás ahí para ayudarlo siempre, que se nos olvida que debemos educarlos en independencia, y que hacer por ellos algo que ya deberían hacer por sí mismos se llama sobreprotección; eso también es una forma de agresión.

"Sufro de pensar que me necesites y no esté, y sufro de pensar que no me necesites." ¿No es esta una vocación al apego? Deberíamos vivir cada día asegurándonos de contribuir en algo a su independencia, enseñarles a atarse los cordones de los zapatos, a cocinar, a lavar la ropa y tender una cama, para después hablarles del ahorro, del trabajo y de la buena administración.

Aunque no estemos en una situación cercana a la muerte, podemos aprovechar cualquier cosa que pase en nuestra comunidad, como una oportunidad educativa, y poner el tema sobre la mesa. Hay dos temas de los que los padres siempre eluden hablar: sexo y muerte; y si los presionan un poco, creo que escogen hablar sobre sexo, pues de él saben un poco más.

Existen relaciones que por la intensidad del vínculo y la cantidad de ramificaciones que tienen en la vida de una persona se les denominan *relaciones sobreinvolucradas*.

El duelo por la muerte de un padre se complica enormemente si también era el jefe, el mejor amigo, el compañero de juego, el rival en ajedrez y un sinfín de cosas más. Una relación sobreinvolucrada, donde con una bandera de "te consiento" en realidad te inhabilito, no es sana. Hay personas adultas que nunca han ido al banco y no saben realizar un solo trámite, otras jóvenes que tienen auto pero no saben ni cargar gasolina porque su papá les llena el tanque cada semana; señoras que no saben literalmente cambiar un foco porque todo lo hacían por ellas. Al momento de vivir la pérdida "me siento inútil e indefensa". Hasta hay canciones que dicen: "No me enseñaste a vivir sin ti", y es un reclamo genuino. Nuestro mundo se vuelve caótico con la pérdida, todo en nosotros cambia.

Los dos extremos de la cuerda son lo que más complica un duelo, una relación sobreinvolucrada donde prácticamente siento que te necesito para mi día a día, o la relación distanciada y de enojo recalcitrante en la cual no existe contacto y de pronto recibimos esa llamada anunciando su fallecimiento. No podemos tolerar la idea de que nuestro ser querido ya no está *con* nosotros, ya no está disponible *para* nosotros.

Si la posibilidad de la muerte de un padre es un asunto que no te deja vivir tranquilo, debes revisar qué pendientes hay en tu relación con él, qué te falta decirle, hacer a su lado o aprender de él. Siempre nos quedará algo en el tintero, ¿pero por qué no escribir en nuestra biografía muchas páginas de experiencias compartidas, de tiempo de calidad para que así, llegado el momento de la separación, prevalezca la sensación de haber sido el mejor hijo o hija que pude haber sido, e inclusive en ocasiones mejor del que ellos merecían, pero justo el que nosotros merecemos ser? No importa si los demás lo entienden o no, es una emoción muy personal, una paz interior.

En el fondo y atrás de nuestras conductas o silencios radica una verdad: lo que no quiero es morir ni que te mueras. Eso sí se lo creo y se vale, pero vivir temiendo el momento del final es como no disfrutar la película sabiendo que va a llegar a su fin.

Cuando uno va a los juegos de la feria suele haber un letrero que dice: "Disfrute el trayecto, el viaje"; hasta ahora no he encontrado uno que señale: "Disfrute cuando se baje". Para gozar esas subidas y bajadas, esas curvas inesperadas y tanto trajín, es importante concentrarse en el momento. Ni vivir con angustia lo que va a pasar ni con depresión lo que ya pasó.

La muerte habrá de llegar cuando tenga que llegar, y preocuparnos por eso no habrá de retrasar su arribo ni aplazar su momento. También debe quedar claro que tener nuestros asuntos en orden tampoco da permiso al universo de acabar con nuestra vida. Hacer testamento y dar cuenta de disposiciones finales no adelanta el momento, solo nos posibilita vivir con responsabilidad el tiempo que habremos de existir. Los cambios suceden tan drásticamente y repentinos que nos toma mucho tiempo asimilarlos.

Existe libertad en el actuar humano, un libre albedrío total, pero lo único que no podemos determinar es la cantidad de vida que tendremos. Busquemos calidad en ella.

Suelo pensar que al nacer nos regalan un collar de perlas perfecto e impecable; al morir alguien nos preguntará por ese adorno y habremos de dar cuenta de él: "Lo perdí, se rompió el broche y nunca lo llevé a arreglar, se amarillaron las perlas, lo empeñé…". No podremos decir: "Pero, mira, aquí está el de mis hijos y lo cuidé muy bien, el de mi pareja está intacto, el de mis padres reluciente". No señor; preguntarán por el tuyo y, ¿cuál será tu respuesta?

¡A vivir!, que la vida puede no ser justa o fácil, pero sin duda es digna de vivirse.

Ramón ha decidido enfrentar sus miedos, hablar con sus hijas de lo que le preocupa. Ahorrar y tomar sabias medidas como seguros, becas y fideicomisos. También goza cada minuto la convivencia con su familia, no con dolor pensando que algún día pudiera ya no estar a su lado, sino agradeciendo cada instante juntos y asegurándose de dejar legado y ser recordado como un padre amoroso, un amigo y un apoyo; también alguien que venció el miedo, quitó el freno de mano y vivió su vida con amor y a plenitud. El miedo inhabilita, el amor habilita para vivir.

No es que tengamos una ineludible amenaza de muerte, es que contamos con la promesa de una gran recompensa y paz al final del camino. Es tan distinto verlo así como contemplar una rosa y querer saber por qué le pondrían espinas a una flor tan bonita o dar gracias porque a unas espinas tan terribles les pusieron una flor maravillosa para no concentrarnos en ellas. Cuestión de enfoques.

3
La muerte de un hijo o una hija

Fueron días felices, horas y tiempo
compartido que no pueden olvidarse.
Son ahora mi tesoro,
no deben ser mi verdugo.

GPI

La muerte de un hijo, especialmente del propio,
es algo que a la mente humana le resulta
muy difícil comprender; parece que es algo
que va en contra de la naturaleza.

¿Qué harías si se muriera un hijo tuyo? Si se muriera un hijo mío, yo me muero, eso decimos, eso querríamos, pero la verdad es que cuando él muere nosotros seguimos vivos. No tenemos fuerzas ni para vivir, pero tampoco para quitarnos la vida. Es como a un árbol al que le cortaron no una rama, sino la raíz. Pero seguimos en pie, por nuestros valores, por nuestro amor a la vida, porque hay alguien que nos quiere, por lo que sea, pero somos ese tronco hueco de un enorme peso tratando de encontrarle sentido al mayor sinsentido que es la ausencia de un hijo.

Un duelo sano para padres dura alrededor de 18 a 24 meses, eso no significa que pasado ese tiempo se acabó nuestro dolor, claro que no, pero sí que la parte más cuesta arriba del proceso ha terminado y las cosas a partir de ese momento serán menos difíciles, aunque todavía no más fáciles.

El camino de la evasión nos lleva a bloquear este duelo cayendo en un *activismo* (actividades que no paran para no alcanzarme nunca en lo que siento) o seguir simplemente en la negación o el enojo, pero es importante saber que como miembros de una familia no basta con pedir: "A mí déjenme con mi dolor". Cuando no nos atendemos y no trabajamos para salir de la añoranza, nos convertimos en unos agujeros negros capaces de succionar al resto de la familia con nosotros. Por ellos, por nosotros y por el inmenso amor al hijo que se ha ido, debemos encontrar las fuerzas para continuar nuestra vida, redireccionarla, y volcar sobre otros esta gran cantidad de amor que llevamos dentro; no podemos ni debemos dejarlo echarse a perder con nosotros.

Nunca estamos preparados para la muerte de un hijo. Creemos que ellos nos verán morir dentro de esta "supuesta ley de vida". Al morir un hijo, nato o no, muere nuestra trascendencia, nuestro apellido. Muchos de los proyectos de vida que no pudimos lograr en nosotros y queríamos lograrlos a través de ese hijo.

Permítanme que sean los propios padres quienes les compartan su sentir; los testimonios hablan de ese dolor que los "expertos" no alcanzan a describir ni abarcar por completo con términos psicológicos ni médicos. Es un lenguaje de amor y de pérdida:

Duelo sin reconocimiento social

Es verdaderamente difícil poder superar la pérdida de un hijo. La menos valorada es cuando hay abortos; en mi caso he tenido cuatro embarazos y todos han muerto; bastante dolor acumulado y no superado.

El primero fue al año de estar casada; mi esposo y yo estábamos muy contentos, hasta decidí dejar de trabajar para dedicarme a cuidarlo, quería toda la atención para él. El día que renuncié a mi empleo, por la noche tuve un aborto, tenía mes y medio, fue sumamente doloroso. En el hospital, en urgencias, estaba con todas las mujeres que tendrían a sus bebés, y en recuperación veía a todas con sus pequeños en brazos; fue la más terrible experiencia en mi vida. Y esta desilusión se repitió otras tres veces; apenas y podía soportarlo.

EVANGELINA

Podemos o no entender los diagnósticos médicos y sus recursos, podemos juzgar las acciones, pero lo importante es que queda muy claro el inmenso dolor de las expectativas, la espera y el amor de madre. Nuestra pérdida es la cosa más importante en el universo para nosotros y nos preguntamos por qué el mundo no se detiene ante ella.

El enojo hace que te quedes más tiempo enganchado en un suceso doloroso; el amor hace que perdones y sueltes con mayor facilidad.

La muerte, aunque sea por enfermedad, nos sorprende siempre, nos da un golpe que corta de tajo nuestro flujo vital. Literalmente, nos arranca las entrañas y permanecemos unos meses buscando a ese hijo o esa hija que la vida nos arrebató porque nos sentimos incompletos, vacíos, estériles.

Nuestro hermoso ángel... Santi

La vida nos dio el regalo más hermoso: el haber sido padres, y para mí el saber lo que era llevar una vida dentro y esta misma vida, destino o Dios, como queramos llamarlo, fue lo que nos hizo pasar por la pérdida más dolorosa que un ser humano pueda experimentar: la pérdida de un hijo.

Mi duelo no solo empezó en el momento de su partida, sino desde mi embarazo; para ser exactos, desde mi semana 18, en la cual le detectaron un problema cromosomático severo y no compatible con la vida (como lo llaman los médicos), trisomía 18 (síndrome de Edwards) un padecimiento en el que el bebé tiene múltiples fallas orgánicas y cognitivas. En casos excepcionales, los bebés con este síndrome pueden llegar a vivir hasta al año de edad, y solo algunos han llegado a la adolescencia, pero cabe aclarar que estos casos son muy, muy escasos, y cuando el tipo de trisomía lo permita. Nosotros teníamos la esperanza de verlo nacer y estar el tiempo que fuera con él.

Entre mis múltiples decepciones me di cuenta de que somos una sociedad que, aunque tratamos a la muerte con familiaridad, no sabemos cómo enfrentarla, y me di cuenta de que nuestras creencias religiosas —y ahora también las tan de moda metafísica y ángeles: "Tú eres la responsable de lo que le pasó a tu hijo, porque recuerda que toda acción es una reacción, y esta es la respuesta a tu rechazo anterior a tener hijos, o que no te gustaran los niños"— nos hacen perder la dimensión de las cosas. Es una cultura culpígena (*sic*) que a mí en lo personal no me ha ayudado en mi recuperación emocional y me ha llenado de miedos, y sobre todo me ha conflictuado internamente. He recibido más contención, apoyo y empatía por parte de mi familia política holandesa; extraño, porque siempre hemos pensado que los latinos somos más cercanos y empáticos, pero desafortunadamente, al vivir estas experiencias, sale a relucir la verdadera personalidad del mexicano.

Y no es malinchismo, porque al encontrarme con frases como "Échale ganas", "Dios sabe por qué hace las cosas", "Ya no llores porque no dejas descansar a Santi y él necesita descansar"… o sea, tengo que tragarme mi dolor y hacer como que no pasa nada.

En mi regreso temporal a México, la familia simplemente no habla de mi hijo, es tema vetado; es como decir que si no se habla no se siente, así que no hay que hablar de eso.

Mi madre aun con sus creencias ha hecho lo posible por entenderme, aunque a veces no puede, y mi padre, como siempre, repitiéndome cuán fuerte soy y que tengo que salir adelante. En fin, a veces solo hubiera querido que me dijeran "Llora, porque duele, y es un dolor incontable y aprenderás a vivir con ese dolor por el resto de tu vida, pero de una manera diferente".

ERIKA

Para una madre o un padre el dolor por la pérdida de un hijo no se mide por los años o los meses que haya vivido, se determina por su ausencia, y empezamos a vivir desde un "no estás aquí", que llena todo el espacio y cubre las cosas con un velo negro. Vemos el mundo más a través de la máscara de la desesperanza que con los ojos de la esperanza.

Si la muerte es repentina, como en cualquier duelo, las cosas se complican mucho más y toma mayor tiempo salir de la negación.

El caso de Pilar y su hijo Alfredo (23 años)

Pilar sufre la muerte de su hijo menor, aquel que verdaderamente era su compañero, la alegría de la casa, su motor y también su crítico más severo. Un jueves fue de fiesta con sus amigos, ella siempre le decía que salían mucho y que tomaban demasiado, pero él argumentaba que eran jóvenes, que se cuidaban, y que además ya estaba por titularse y entonces la vida ya se iba a poner más seria. En la madrugada, su otro hijo recibió una terrible llamada al celular: habían sufrido un accidente y era otro amigo el que le avisaba. Salieron todos de casa, literalmente con el corazón en la mano. Hace ya casi un año que no ha podido regresar ese corazón a su lugar. Alfredo había muerto junto con sus amigos cuando iban rumbo a "unos tacos" de regreso de la fiesta. Exceso de velocidad, exceso de alcohol, exceso de destino.

Si cuando los hijos se enferman nos sentimos culpables, creemos que genéticamente les heredamos algo mal, con mucha mayor razón perder a un hijo deja la sensación de que "he hecho las cosas mal"; la injustificada pero recalcitrante sensación de un trabajo mal hecho.

Esto obviamente es una aseveración equivocada; mi misión era cuidarlo, en efecto, pero hasta donde mis brazos pueden protegerlo. No puedo cubrirlo por encima de su destino o su hora de muerte; no puedo cuidarlo más allá de lo que él, ya como adulto, me lo permita. Tengo un límite en mis capacidades y mis posibilidades, y una dosis de humildad es imprescindible para solucionar la culpa irracional que sentimos en estos casos.

El único amor verdaderamente incondicional que sentimos es hacia los hijos. Entre más autónomos son, los vas queriendo por lo que son. También hay polaridad y química con ellos, pero no hay un hijo al que no queramos. Cada hijo es como si fuera un dedo de tu mano. ¿Cuál prefieres?, ¿de cuál podrías prescindir? De ninguno.

Dentro de los enfermos terminales, el niño y el anciano sabio son los mejores maestros por la naturalidad con la que ven la muerte.

Los niños pueden morir de muchas maneras, desde la interrupción del embarazo. No comprendemos el duelo que vive una madre que aborta aunque sea de dos semanas, y si es provocado, mucho menos.

Los hijos pueden nacer muertos, fallecer por muerte súbita, muerte de cuna; también se pierden por darlos en adopción. Los hijos y las hijas son asesinados; algunos, en su afán de no seguir viviendo de la manera en que lo hacen, se suicidan o se pierden en el mundo de las drogas o el alcohol. Cada uno de estos incisos merece un trato detallado.

Factores que complican el duelo

- El que sea hijo único.
- Que sea el primogénito
  (ponemos grandes expectativas en él).
- Que se llame como tú.
- Que te lo roben es un verdadero calvario, pues no tienes dónde ir a llorarlo, no sabes si ha comido, si tiene frío, si lo han mutilado, etcétera.

Ante casos así te das cuenta de que verdaderamente *nadie* entiende tus mayores tristezas, has nacido solo y vas a morir solo.

Creemos que contar muchas veces la historia ayuda a sanar el dolor, pero esto no siempre es así. Se desahoga uno con los demás, pero se vuelve al dolor. Algunos dicen que contar su historia es quitarle una pequeña pizca al dolor dentro suyo. Alivian su herida. Otros aman demasiado su infierno como para dejarte entrar en él. Sí te ayuda repasar algunos detalles externos para deslindar culpas y ordenar tus ideas, apacigua el estrés postraumático, pero luego duele pensar que la gente te pregunta por morbo, por satisfacer sus curiosidades y no por mitigar tu pena.

Las muertes más terribles de los niños es cuando de alguna manera los padres tuvieron algún papel de corresponsabilidad en los sucesos trágicos: atropellos, ahogamientos… y no los pudimos cuidar a pesar de haber hecho nuestro mejor esfuerzo.

Y también existe el caso de la difícil toma de decisión de no tener a ese hijo que viene en camino; por las circunstancias que sean, nunca es una decisión fácil y puede llegar a pesar mucho con el tiempo, aunque se entienda que se hizo lo mejor que se pudo con los recursos que se tenían y las circunstancias en las que estaban.

Querida hija

Macarena te ibas a llamar. Bebé precioso. Me corresponde decirte cuánto te he pensado. Sé que eres mujer. Papá hizo su vida ya y yo parece que suspendí todo proyecto de la mía.

Nena, me hubiera gustado verte crecer. Ahora sé lo que significa tu pérdida que no puedo creer y que me acompaña día a día. Ahora que mi maternidad se ha terminado no sé qué sigue. Por primera vez no tengo la esperanza clara.

Macarena, eres una mujer hermosa a la que impedí vivir. Perdóname, amor mío. Chiquita.

Me negué decir padre, decir esposo, decir hijo, hija. Me negué casi a decir hermana, pero tengo una.

Macarena te ibas a llamar. Adiós, bebé. Perdóname.

Gracias por lo que me has dado desde donde estás. El que no hayas nacido también sirvió para que yo valorara la vida y fuera actriz profesional, pero me gustaría tenerte conmigo viva, sobre todas las cosas.

Te quiero.

Mamá

Aquí queda muy claro lo que alguna vez dijo C. Day Lewis: "No escribimos para que nos entiendan, escribimos para poder entender". Y es que algo que fue tan amargo de soportar, con el tiempo puede vivirse como algo dulce de recordar.

La pareja que pierde un hijo puede acabar divorciándose porque no se ayuda ni se habla. Lo mismo pasa cuando un hijo se quita la vida, pues pensamos "qué culpa tuve yo y qué culpa tuvo mi pareja".

Ante el suicidio comprendemos que muchas veces un chico que era un caos, ordena antes de irse, un tacaño regala sus cosas y así dan muchas señales que no tendríamos por qué haber visto o por qué darles la lectura correcta, ya que solo éramos sus padres; ni terapeutas ni *suicidólogos*.

Todo final es un nuevo principio, como si el dolor fuera una poda. Toda pérdida da algo a cambio de lo que nos quita, y queremos pensar que en la vida no hay tragedias, solo hay lecciones. Ante la muerte de un hijo esto nos rebasa, son moralejas que no podemos comprender. Lo único que debe quedar claro con el tiempo es que todo lo que nos sucede puede ser usado para crecer. Para subir un peldaño de esa escalera que nos lleva a la autorrealización. Claro que a ese precio tan alto no quisiéramos las lecciones, pero no tenemos opción. No elegimos lo que nos pasa, únicamente determinamos la actitud con la que nos enfrentamos a ello.

Con experiencia y práctica aprendemos a materializar cosas con nuestras manos, pero no es tan fácil aprender a hacerlas con el corazón.

¿Qué es perder a un hijo?

No lo entiendo. Y aunque lo intente mil veces, nunca habrá una explicación.

Me arrancaron una parte de mí, algo que, según yo, por derecho me correspondía.

Me siento frágil, que ya después de eso nada peor me puede pasar.

Me duele cada parte del cuerpo, el corazón lo siento deshecho. Es como si todo lo tuviera en carne viva.

No quiero que nadie me vea con lástima. Finalmente esto no me hace una mejor o peor persona. ¡Yo no elegí pasar por esto! ¡Quiero gritarles a todos que yo no lo elegí! Que todos los días lloro en cada esquina de mi casa, y trato de vivir mi duelo como mejor lo creo.

Ana Paula

Para muchas personas leer sobre el dolor ajeno es perturbador, lo consideran demasiado fuerte o insoportable. Algunos amigos se alejan porque se sienten inadecuados o confundidos. La situación de perder a un hijo, tenga la edad que tenga, es tan atemorizante que resulta aún más para quien ya de por sí vive alejado de sus sentimientos.

Se apagó mi Sol

Sol, mi hija de 25 años, se casaba este próximo octubre. Ya había comenzado sus planes y preparativos para la boda. Estaba feliz. Nunca la había visto tan radiante y, por desgracia, eufórica. Quería vivirlo todo, no delegaba, y también deseaba aprovechar hasta el último momento de soltera saliendo con sus amigas. Tristemente esa boda ya no será posible, tampoco continuar su juventud ni su belleza. Mi hija Sol murió hace unas semanas en un accidente automovilístico.

Mi Sol se apagó esa noche. Tuve que ir a reconocerla al Ministerio Público y luego una segunda vez en el SEMEFO.

Me he arrepentido una y mil veces de haberle dado permiso de salir esa noche, y sigo sin poder creer que no se hubiera puesto el cinturón de seguridad. Ira, tristeza, la una compite con la otra y ya no sé qué hacer. Lo único que tengo claro es que su novio, aunque está muy afectado, algún día se casará con otra y sus amigas seguirán saliendo y la recordarán con cariño, ¿pero yo? Yo no sé vivir sin ella, no me encuentro en el mundo sin ser su mamá, y desearía con todas mis fuerzas haber estado ese día con ella en el automóvil para ponerle el cinturón como cuando era chiquita o para morirnos juntas.

Mariana

Sufrir provoca agotamiento, estamos cansados la mayor parte del tiempo. Esta incapacidad temporal disminuye cuando contamos nuestra historia; por un momento tenemos intensidad y palpitación de nuevo. Descubrimos que si sentimos dolor es prueba de que aún tenemos capacidad para amar. De que estamos vivos.

No son solo las voces de las madres las que hablan, también los padres gritan su dolor. Una vez que recuperamos nuestra fuerza, los miedos pierden su poder.

Excelente hijo y estudiante

Mi hijo Carlos Enrique (qepd), falleció a la edad de 22 años en el año 2008, lo asesinaron junto con su amigo Irvin.

Mi hijo se encontraba estudiando el último semestre de la carrera de Ciencias de la Comunicación y llevaba un promedio de 9.2, un excelente hijo y estudiante. Trabajaba en mi empresa, fue un joven normal, salía a divertirse los fines de semana como cualquier joven de su edad, nunca usó drogas, armas, ni nada por el estilo, ni tampoco andaba metido en nada ilegal, solo le tocó ir a una fiesta un sábado 2 de febrero, y ocurrió un pleito que iniciaron unos tipos que llegaron a meterse sin ser invitados. Carlos, sin deberla ni temerla, se metió a separarlos. Al término de la fiesta, se fue con sus amigos a cenar unas hamburguesas, alrededor de las tres de la madrugada; ahí llegaron aquellos fulanos, dispararon sus armas de fuego. Irvin, su amigo, falleció ahí mismo, a Carlos lo recogió una patrulla de tránsito y lo trasladó al hospital más cercano, donde murió.

CARLOS

Y es la realidad de cientos de jóvenes en nuestro país que, víctimas de la delincuencia, de la portación ilegal de armas, de la violencia en pleno, ven mermados sus sueños y dejan tras de sí familias que tratan de entender y buscan ser entendidos, no buscan lástima, eso no ayuda en nada.

 ## La historia de Brian

Cuando iba yo en la pesera, como a dos colonias antes de llegar a mi casa, se subió un chico y le dijo al chofer: "Oye, ¿supiste que se echaron a unos morrillos aquí en la Provivienda?". Sentí que el mundo se me venía encima, porque sabía que mi hijo estaba en la calle, entonces empecé a marcarle a su celular y al de mi esposo, y me mandaban al buzón. Yo decía: "Señor, que se haya ido para la casa, por favor"; me repetía una y otra vez esa frase. Casi al llegar me asomé, y vi un mar de gente, y como seis patrullas; y en medio, a lo lejos, vi a mi esposo. "No, Señor, por favor que no sea verdad." Brinqué de la pesera que aún no se detenía por completo, y ya venía mi esposo con los brazos abiertos diciéndome: "¡Mataron a mi bebé, mataron a mi bebé!".

Lo extraño como no tienes una idea... pero quizá su misión en esta vida la cumplió. No sé cuál haya sido, pero sé que a su corta edad la cumplió. Si los malos, los que le hicieron esto a mi hijo, se arrepienten de corazón, Dios los va a perdonar como lo hemos hecho mi esposo y yo. Los perdonamos de corazón... porque no quiero tener en él resentimiento, coraje y odio.

Juany

He procurado mantener los relatos casi intactos para que ustedes como lectores puedan sentir el dolor y el momento de vida de quien lo escribe; también para que juntos aprendamos de los grandes maestros que son los dolientes. Siempre debemos decirle a las personas lo que sentimos por ellas, asumir nuestro rol en su vida sin miedo a externar un "no" o poner un límite y quedarnos con la satisfacción del deber cumplido, que es algo que nos ayuda muchísimo a sobrellevar un duelo.

Qué tal que de ahora en adelante besen más a sus hijos y lo hagan una, dos, tres veces por ustedes y por todas las madres y padres que hoy ya no pueden hacerlo con los suyos. Al menos no físicamente. Revaloremos la enorme dicha de tenerlos con vida, aunque no saquen las mejores calificaciones, aunque no cumplan nuestras expectativas, no nos gusten sus amigos o parejas y haya un montón de cosas en las que no estemos de acuerdo. Un beso antes de dormir, una llamada deseándole lo mejor y un infinito respeto a su unicidad. Cumplir cabalmente la tarea de padre y madre que es tan grande que ni siquiera hay un nombre para denominarlos cuando su hijo ha muerto; madre y padre son términos tan perfectos que abarcan vida y muerte.

La historia de Rosa y Juan

Nosotros perdimos un hijo de 26 años, se llamaba Jorge; era un profesionista, licenciado en Turismo. Tenía seis meses de haber regresado de Barcelona. Era el chico de mis hijos, y el otro de ellos, de 33 años, que se llama Juan Carlos, se va vivir a Montreal en unos días, así que tenemos dos pérdidas.

El accidente de Jorge sucedió en Chiapas, en el mar, en un lugar llamado Boca del Cielo. Estaban nadando mi hermano, su hijo, mi esposo y mi hijo, y de repente vino una ola y se los llevó; el único que no pudo salir fue mi hijo. A las dos horas lo regresó el mar. Nos lo trajimos en la carroza mi esposo y yo, y le dimos sepultura aquí en México. Lo que no puedo sacar de mi mente es haberlo visto todo y no haber podido hacer nada. Yo estaba en la playa, a mí me da miedo el mar.

Pido a Dios, a su hijo Jesús y a mamita María que me ayuden con este vacío y este dolor que siente mi corazón.

Rosa Elvia

Rosa y su marido volvieron a ese sitio hace poco, necesitaban cerrar, decir un nuevo adiós que jamás será el último. ¡Cuántas veces puede uno sentir la necesidad de decir: "¡Hasta pronto, mi amor!".

Estas son solo algunas historias, para otros el silencio es su mayor reacción ante la pérdida y este debe ser honrado y respetado.

Nunca se dirá todo respecto a la muerte de un hijo o una hija. Sentirnos culpables es nuestra manera de creer que tenemos algún control sobre la muerte, pero no es así. Dentro del caos que vivimos, la culpa funciona tratando de encontrar un responsable a lo ocurrido y si nadie lo es, pues lo soy yo. Esto no es justo, es muy importante no reprimir nuestro duelo, ya que esto puede llevarnos a sufrir una enfermedad. Piensen que contribuimos a nuestra salud abriéndonos cuando lo necesitamos.

Muchos hijos e hijas han muerto, muchos seguirán muriendo y no por ello debemos poner a los nuestros en una caja de cristal y echarle candado. Tienen que vivir, debemos dejarlos correr ese riesgo y acompañarlos hasta donde puedan llegar haciéndoles sentir que si ellos murieran nosotros honraríamos su memoria con nuestra vida, seguiríamos adelante con un hoyo en el corazón, que sabemos no se olvidará nunca pero que nos recordará, como una medalla de combate, que hemos sido padres y que para tener ese privilegio bien vale la pena arriesgarlo todo.

El dolor no desaparece. Aprendemos a vivir con él; la ausencia duele y esos pequeños hábitos de familia que teníamos se vuelven recuerdos muy preciados.

Es mi creencia que al morir nosotros nos reuniremos con quien haya partido antes, y seguramente nos preguntarán qué hicimos en su ausencia, que para ellos debe haberles parecido tan solo unos instantes. ¿Qué respuesta daremos?: "Nada, me quedé tristeando y enojada por lo que pasó". "¿De verdad no hiciste nada? ¿Cómo, no viajaste?, tanto que a mí me gustaba; ¿no consolaste a mi papá, que debe haber estado también muy triste?; ¿no comiste aquellos platillos que a mí me encantaban, y sobre todo no volviste a sonreír, que ha sido tu sonrisa lo que yo conservo como mi tesoro más amado?...".

Por nosotros y por todos los hijos, las madres y padres del mundo que sufren, tenemos que volver a ser felices, encontrar el valor de seguir con nuestra vida, y llegar al día de nuestro encuentro con la frente en alto, con la satisfacción del deber cumplido y sin atajos. Mientras eso sucede, "te llevo dentro de mí, y cuando te extrañe mucho, mucho, me miraré en el espejo porque en ningún lugar estás más que en mi propio reflejo".

Dice un proverbio chino que para conocer el camino hay que preguntarle a los que ya vienen de regreso; por eso agradezco con el alma estas palabras y testimonios de padres y madres valientes, que son prueba fehaciente de que uno sigue vivo y en pie, únicamente por el amor y para el amor. De hecho, etimológicamente, la palabra *amor* viene del latín *a*, que significa "no", y *mor*, que es la raíz de "muerte"; eso justo es el amor, lo que nunca muere.

La historia de nuestro amor, nuestra vida y la vida de nuestro hijo amado son las piezas de información más valiosas con las que contamos. Son también nuestra victoria sobre la muerte que acaba con el cuerpo de una persona pero no con nuestro amor.

Mi Glucosita

Vicky era mi tesoro. Una niña muy especial que me enseñó mucho en la vida. Me sigue enseñando ahora, desde su ausencia; solo que aprender las lecciones a partir de su muerte me cuesta mucho más trabajo. Desde muy pequeña estuvo atada a inyecciones de insulina y a muchas restricciones en sus actividades. Era una chica especial y por ello se interesaba en temas poco comunes: energías, brujería y esoterismo. Tenía una relación muy estrecha con su mamá y ambas se llamaban de cariño "brujas".

Vicky tuvo complicaciones por su diabetes, y en un cuerpecito muy mermado de fuerzas cayó una neumonía que acabó con su vida. Tenía 25 años y un humor fuera de serie; por ejemplo, tuvo la ocurrencia de ponerle a nuestra tiendita La Glucosita, haciendo alusión a la molécula que tantos dolores de cabeza nos dio.

La extraño mucho, la extraño diario, la extraño a cada momento. Lo que más le agradezco es que a pesar de todo haya sido feliz y que ahora con su partida me haya quitado el miedo a la muerte. Cuando sea mi momento sé que no estaré solo, ella vendrá a buscarme para llevarme a su lado.

LEONARDO

Si yo te preguntara qué serías capaz de hacer por un hijo o una hija, seguramente tu respuesta sería: "¡Todo, absolutamente todo!". ¿Hasta volver a ser feliz sin él o ella? Solo eso te exige la vida, no te pide olvidar, no te ordena que entregues tu existencia o tus pertenencias. Te pide algo infinitamente más difícil: volver a sonreír desde lo más profundo de tu ser para honrar su paso por esta Tierra y para no desperdiciar este boleto que ya tienes para el gran concierto de la vida. Tienes que aprovecharlo, hay muchos que quisieran poder estar ahí. Hazlo por ti y por ellos.

4
El suicidio

Se miente con las palabras,
pero también con el silencio.

GPI

No es fácil afirmar si el suicida es cobarde o valiente; no
se puede pasar por alto toda su lucha interior
que precede al acto; no nos queda más remedio que decir:
el suicida es valiente ante la muerte
pero cobarde ante la vida.

VIKTOR E. FRANKL

Existen realidades tan fuertes, tan difíciles de entender, que muchos autores prefieren saltarse el tema y simplemente no tocarlo. Si por callarlo desapareciera, yo lo haría también, pero no es así. Precisamente porque no hablamos del suicidio ni educamos acerca de él es que su incidencia en nuestro país ha aumentado considerablemente; se habla de que el índice de suicidios en adolescentes ha crecido 650% de 1990 a la fecha.

En torno del suicidio se manejan grandes mitos, como que si alguien realmente se quiere matar, no lo avisa; o que solo se suicidan los valientes, los locos y los cobardes; o que es un acto impulsivo que no se puede evitar, y sobre todo que hablar de suicidio le mete ideas en la cabeza de quitarse la vida a quien lo escucha… Todo esto es falso, debemos romper el silencio y advertir de esta puerta falsa a los jóvenes, los jubilados y las personas deprimidas.

El suicidio no se contagia, se aprende. Alguien abre para ti esa puerta falsa que se vende como una solución, pero que en realidad no soluciona nada y todo lo complica.

Es más fácil pensar en el suicidio como una posibilidad, cuando has tenido parientes cercanos que lo han consumado. Abrieron y te mostraron una puerta falsa.

Todos hemos dicho alguna vez: "Qué ganas de dormirme y ya no despertar para que se acabe tanta bronca", pero eso no es un pensamiento suicida, ya que este es mucho más complejo.

El Instituto Nacional de Estadística y Geografía (INEGI) nos brinda las siguientes cifras:

Suicidios en México

1980:   672 casos
1990: 1 405
2000: 2 736
2010: 5 012

Números reales, pero recuerden que hay datos ocultos, pues muchos suicidios no son reportados como tal, sino como accidentes. Para la gran mayoría de las familias es muy penoso que se sepa que hubo un suicidio entre sus miembros, así que piden al médico familiar que extienda un certificado para que el acta de defunción diga otra causa de muerte. Muchos de los accidentes que escuchamos cada semana son suicidios y de igual forma algunos suicidios son en realidad homicidios, así que las estadísticas a veces no se apegan a la realidad.

Por estado, en 2010 la casuística de suicidios fue así:

Las cuatro principales entidades federativas

Estado de México: 537 casos
Jalisco: 399
Distrito Federal: 375
Guanajuato: 283

¿Qué pasa con nuestros jóvenes?

La realidad es que en nuestro país no había educación ni prevención respecto del tema; si un joven se suicidaba, en su escuela le hacían una ceremonia y le enviaban globos blancos al cielo. Los incluían en una hoja especial en los anuarios e inclusive parecían convertirse en celebridades. Esto deja un mensaje cruzado en el resto de los jóvenes, quienes empiezan a ver normal que eso ocurra. Idealizan muchas veces a aquel que tuvo el "valor" de hacer algo que algunos en el grupo han acariciado como idea.

Lo anterior desencadena lo que se conoce como *constelaciones de suicidas*. La amplia cobertura de un suicidio por los medios de comunicación o el entorno pueden motivar que los jóvenes con ideación suicida tomen de inmediato la decisión de quitarse la vida.

En México, gracias al conocimiento cada vez más difundido de la tanatología, esto está comenzando a cambiar. Padres valientes avisan al colegio que la muerte de su hija(o) se debió a un suicidio y con esta versión oficial y su autorización se puede abordar el tema directamente con los jóvenes. Sin mentiras y sin alfombrarles el empedrado se les explican las cosas para que, desmitificando el hecho y hablando sin tapujos, aclaremos sus dudas y las de la comunidad escolar. Un hecho así sacude a todos los padres de una generación que tratan de ubicar bien las causas para asegurarse de que sus hijos están a salvo, que no se "contaminarán" de los sucesos; es más, piden casi casi un certificado de la inmunidad de sus pequeños. Pero no existe tal cosa, lo que debemos hacer es trabajar en la salud emocional de nuestros hijos para prever hechos de esta naturaleza. Ningún hijo está seguro, pero eso no es para angustiarnos ni preocuparnos, es para ocuparnos en su cuidado, para establecer límites y ver si ellos reciben nuestro amor de la misma forma e intensidad que creemos estárselos demostrando.

Los sobrevivientes de un suicidio —la familia y los amigos heridos— quedan desolados tratando de encontrar la pieza faltante a este complejo rompecabezas que es la decisión de alguien de ponerle fin a su vida.

Sui, de sí mismo, y *Caedere*, matar: acción y efecto de matarse a sí mismo; quitarse voluntariamente la vida; tipo de homicidio en el cual la víctima y el asesino son la misma persona.

Lejos estoy de juzgar si el suicidio es un acto de valor o de cobardía, porque sé que es una ecuación mucho más compleja como para simplificarla tachándola de bien o mal hecho. Es simplemente un acto desesperado y así debemos entenderlo. Por eso evitemos regañar o castigar a los chicos que descubramos haciéndose daño por medio del *cutting (acto de autolesionarse con pequeñas y no profundas incisiones en brazos, muslos o ingles)*, pues están enfermos. Ustedes no reprenderían a alguien que tiene hepatitis, ¿verdad? Lo ayudarían a sanar. Normalmente, el *cutting* no se considera conducta suicida, a menos que la intensidad o la frecuencia sean alarmantes o que muestren comportamientos de riesgo. Los jóvenes tratan de evitar el dolor emocional provocándose un dolor físico.

El caso es que el suicidio es una puerta falsa, no soluciona nada y sí carga a la familia de dolor y pesar. Además de la pena de la muerte del ser querido, se debe lidiar con la violencia infligida. Como decía Erwin Stengel (1902-1973), psiquiatra inglés nacido incidentalmente en Viena: "Se mata quien vive en la desesperanza". A esto hay que sumarle cierta predisposición suicida que incluye rasgos de personalidad y experiencias previas de sufrimiento intenso. Generalmente son casos ligados a una infancia difícil, llena de inestabilidad emocional y social.

Como sociedad no podemos ponderar un acto así, les estamos fallando a nuestros jóvenes al no advertirles sobre esta ideación que se les vende como un buen amigo y luego pasa a sus familias una factura carísima de pagar. Tal vez estemos padeciendo un sinsentido o vacío colectivo. El suicida no es malo ni bueno, está enfermo. Enfermo de depresión y no quiere morir, quiere dejar de vivir de esa manera y eso es totalmente distinto.

Si un joven comienza a expresar frases como: "La vida no tiene sentido", "Ya pronto no seré un problema para ustedes" y "Ustedes estarían mejor sin mí", deben hablar con él y hacerle tres preguntas:

1) *¿Estás pensando en matarte?* Si tú lo sospechas es porque algo grave está pasando, no desoigas tu intuición como padre, madre o maestro. No existe peligro de que al preguntarlo le des la idea, pues sus actitudes demuestran que ya la tiene y por lo mismo decidiste cuestionár-

selo. Esto sirve de alivio a la persona que está en conflicto, al fin puede poner sobre la mesa eso que lo atormenta y le da vueltas. Es una manera de demostrarle también que nos interesa, que nos preocupamos, y aunque esto sea cierto en la mayoría de los padres, no todos logran transmitirlo de manera eficaz y muchos jóvenes piensan que verdaderamente no le importan a nadie. Es mejor formular esta pregunta incómoda, aunque temamos la respuesta, a nunca haberla hecho y ahora desear volver el tiempo atrás.

2) Si la primera pregunta fue afirmativa, entonces ahora debemos preguntar: *¿Cómo pensabas hacerlo?* Si nos dice que de un balazo y sabemos que no posee armas, eso nos permite ganar algo de tiempo; pero si asegura que pretendía arrojarse de la azotea y viven en un edificio, la ayuda que requiere es una intervención urgente, ya que las condiciones están puestas para ello.

3) *¿Cuándo estabas pensando hacerlo?* Si el plan es a largo plazo, el peligro no es inminente; pero si es en corto, la ayuda profesional debe ser inmediata.

Estas preguntas pueden parecerte muy delicadas, invasivas tal vez, pero son fundamentales para evaluar el grado de peligro y prevenirlo. En realidad, si sientes miedo de formularlas es quizá porque tienes terror a las respuestas. Debemos estar a su lado, tratar de no juzgarlo y ganarnos su confianza para que acepte ir con un especialista y seguir un tratamiento. Es muy probable que para estas alturas ya alguien requiera ansiolíticos y otros medicamentos. Qué bueno que los hay y para ello existen, siempre que sean recetados por un psiquiatra con capacidad de evaluar el riesgo suicida de una persona.

Los merolicos llegaban a los pueblos y después de montar su mesa con productos milagrosos a voz en cuello anunciaban: "Atrás de la raya, que estoy trabajando"; dicho esto, comenzaban su labor de venta y promoción, su inagotable lista de recursos para aliviar casi todos los males del consumidor.

Tristemente, con el *boom* de la tanatología nuestra disciplina se vende como la gran panacea; parcha corazones, hace que llegue el olvido y desaparece el dolor. ¡ALTO!, esto no es así. El tanatólogo no es un mago ni tiene varita mágica; es solo un facilitador para que se den las condiciones de recuperación de la salud emocional y la paz en el ser humano que ha sufrido una pérdida. No quita el dolor, le da un sentido. No desaparece las culpas, las elabora y transforma en algo que te impulse y no que te ancle. Y finalmente no suple la atención psiquiátrica o médica en caso de que la persona así lo requiera.

Respecto al suicidio, el tanatólogo no está capacitado para valorar a un paciente con ese riesgo. No puede confiar en su intuición para creer si alguien es o no capaz de cometer el acto. No sería ético ni moral jugársela apostando a que no es capaz de llevarlo a cabo cuando la mente humana es sumamente complicada y los desequilibrios químicos en el cuerpo pueden llevarnos a ejecutar acciones fuera de toda lógica o explicación.

> Si el tanatólogo desea dedicarse a ayudar a los distintos miembros de la familia ante una pérdida, lo recomendable es que profundice en lo que es el duelo y cómo lo experimentan los diferentes miembros de la familia. Siempre debe tener presente que ante las pérdidas la única manera de salir adelante, crecido y fortalecido, será viviendo el sufrimiento y el dolor que estas conllevan. (María del Carmen Castro, *Tanatología, la familia ante la enfermedad y la muerte*, México, Trillas, 2007, p. 103.)

El rol del tanatólogo frente al suicidio es ser un puente entre el usuario y su médico tratante —psiquiatra, la mayoría de las veces—. Debe hacer interconsulta con él para tratar adecuadamente a su paciente, darle una atención mucho más regular y continua que la que brindan los psiquiatras. No le corresponde juzgar ni modificar la dosis de fármacos que el médico prescriba a su paciente, pero sí puede ir evaluando sus reacciones ante ellos y mantener un estrecho contacto con su doctor para evaluar posibles modificaciones o la suspensión de medicamento de ser necesario. La mayoría de los pacientes con riesgo suicida o que ya lo han intentado por lo menos una vez necesitan ansiolíticos y toman antidepresivos, lo cual los convierte inmediatamente en pacientes psiquiátricos.

> El hecho de disolver sus ideas, sus hábitos y sus imágenes es una forma de limpiarse y purificarse. Todas las suposiciones que mantienen su vida estancada se vendrán abajo cuando dedique tiempo a reflexionar y a conversar seriamente con un psicoterapeuta. (Thomas Moore, *Las noches oscuras del alma*, España, Urano, 2005, p. 103.)

Está muy confundido el papel del tanatólogo que parece convertirse en un merolico moderno que vende curas y remedios para heridas narcisistas, trastornos de personalidad, dolores de ausencia y huellas de abandono. Todo ello pertenece a otras disciplinas y bien haríamos los profesionales de la salud emocional conscientes en permanecer dentro de nuestro campo de acción y no querer abarcarlo todo y engolosinarnos con que alguien es "nuestro" paciente. No son *nuestros*, nosotros estamos a su servicio y debemos tener muy claro nuestras limitantes para atender a alguien y enseguida ser precisamente nosotros los que los refiramos a un especialista cuando detectemos un posible rasgo suicida; leamos entre líneas su deseo de quitarse la vida o descubramos que se autolesiona.

> El tanatólogo trabaja con pérdidas, pero no está facultado para recetar absolutamente nada. Su intervención es únicamente en crisis y de corta duración, un máximo de 10 sesiones, aunque a veces cuando se trabaja con enfermos terminales el momento del "Hola" puede estar siendo el mismo de la despedida. (Gaby Pérez Islas, *Cómo curar un corazón roto: ideas para sanar la aflicción y la pérdida*, México, Diana, 2011, p. 32.)

No pido que abandonemos a quien una vez solicitó nuestra ayuda, pero sí que hagamos interconsulta con algún profesional facultado para medicar, que sepa del sistema nervioso central y esté disponible para su paciente las 24 horas del día. Quien realiza un acompañamiento tanatológico puede perfectamente, con entrenamiento en *suicidología*, tratar a los familiares de personas que se han suicidado o han intentado hacerlo. Esto es una pérdida muy grande, la pérdida de la seguridad, de la libertad de salir y dejarlo solo, la pérdida de la fantasía de "eso no me sucederá a mí". Pero me parece muy delicado que pacientes con este riesgo estén en manos de personas bien intencionadas, pero no en posesión de todos los recursos, incluyendo el internamiento para salvar la vida de una persona.

Debemos regirnos por el siguiente lema: "Consolar siempre, aliviar a veces, dañar nunca".

Es por todo lo anterior que me gustaría escuchar al psiquiatra decir a los tanatólogos, *coaches* y psicólogos, lo mismo que un expresidente de México le contestó a una maestra que estaba haciendo mucho ruido y exigiendo cobijas en un acto de gobierno que nada tenía que ver con el tema: "Atrás de la raya, que estoy trabajando".

Suicidología

Muchas personas ni siquiera saben que existe esta especialidad, pero así es. Ni un psicólogo, ni un *coach*, ni un tanatólogo pueden estar a cargo de alguien que requiere entrar en contacto con su médico tratante en cualquier momento, recibir la contención o el internamiento que necesite, pues el objetivo es salvar su vida; y aunque bien es cierto que el suicida de alguna manera ya está muerto antes de cometer el acto, muchas muertes pudieron haberse evitado estando en manos de la persona adecuada.

Es tan grande el aumento de los casos que desde 1999 existe el Día Mundial para la Prevención del Suicidio, cada 10 de septiembre. Diariamente 3 000 personas se suicidan en el mundo, y por cada uno que lo logra hay 20 que lo piensan o lo intentan. Un millón de personas se suicidan al año; de continuar así, en 2020 aumentarán a millón y medio en el mundo.

Si alguien que usted conoce le dice que quiere suicidarse, hay tres cosas muy importantes que recordar:

1. Adopte una atención empática; escuche lo que él o ella quieren decirle, no lo que usted quiere aconsejarle.

2. No lo juzgue, el juicio precipita la acción suicida. Para eso entiéndalo desde el corazón, no desde la mente, porque ahí nunca podrán conectarse.

3. Canalícelo a un especialista. Esta no es una situación que se corrija leyendo un libro, yendo a un curso o con oración. Debemos actuar.

Yo atiendo a familiares y amigos de la persona que se suicida, así que lo anterior entra en el marco de la prevención, pero ya una vez ocurrido el hecho, los más allegados deben recibir apoyo tanatológico para tratar de entender, desintoxicarse de culpas y *hubieras*.

Durheim define de manera muy clara el suicidio: "Toda muerte que resulta mediata o inmediata de un acto positivo o negativo, ejecutado por la misma persona, a sabiendas de que le provocará la muerte".

La vida nunca sucede como la planeamos, puede ser inclusive mejor, pero se sale del *script* original que soñamos. Por eso cuando vivimos para llenar las expectativas de los demás (desde que nacemos ya hay expectativas puestas en nosotros y si no las cumplimos sentimos rechazo) y nos olvidamos de nuestras propias necesidades, nos vamos vaciando y caemos en un sinsentido. Después este rechazo que subyace en nosotros puede ser activado con una situación de vida como un divorcio, una operación o algo similar.

Los niños con algún trastorno de conducta o con hiperactividad reaccionan a cómo viven el estímulo. Todo lo que tiene que ver con agresión habla de depresión en un infante, es su manifestación de enojo. Cuidado con eso, porque de grande puede llegar a convertirse en un problema. Aunque los padres no se peleen delante de los pequeños, ellos lo perciben y les afecta mucho. Saben cómo está el clima emocional y el ambiente, pueden tomar partido por alguno de sus progenitores o excluirse, y su aislamiento podría tornarse esquizoide; convertirse en niños apáticos. En resumen, puede llevar a un niño a no valorar su vida por sí mismo: "Si me valoran, valgo".

Brenda era una joven de 19 años con muchos conflictos. Siempre sentía que no pertenecía al grupo, que era fea, que se hablaba de ella a sus espaldas y que su familia no la aceptaba. Esto la hería profundamente, pero no lo manifestaba. (Todos ellos son factores de riesgo que propician una situación suicidógena).

Un día llamó a su padre a la oficina y comenzó a hablarle demasiado cariñosa, pero en tono de despedida. No se dejaba interrumpir por los cuestionamientos de su padre que acabó colgando el teléfono diciéndole: "Voy para allá".

Todo el camino él viajó angustiado con la certeza de que ella iba a hacerse daño. En menos de 15 minutos estaba en casa, subió directo a su recámara y la encontró ahí, acostada en su cama. Se sintió aliviado.

¿En qué momento había pensado que ella saltaría por la ventana o se cortaría las venas? Se acercó y la besó en la frente, parecía dormida pero no lo estaba. Al acercarse notó un orificio en la sien y un hilito de sangre junto a su oído. La llamó, la movió, y entonces descubrió una pistola tirada en el suelo; su propia arma. Ella se quitó la vida tras colgar con él por teléfono. No era la escena sangrienta que uno imaginaría en un caso así, pero era la peor escena del mundo. A 10 años de distancia, Francisco sigue teniéndola en su mente cada día.

El suicidio marca vidas, deja un estrés postraumático y muchas interrogantes, pero la principal siempre es: ¿por qué lo hizo?

Todo cambió

Hace cuatro meses mi vida cambió por completo. Un día llegué con mi novio a su casa y encontramos a su mamá sin vida; se había suicidado. El impacto por supuesto fue muy grande para los dos, jamás había experimentado aquella sensación de dolor y miedo. Esa imagen se quedó grabada en mi mente. Era tan grande mi dolor por su partida, y por ver a mi novio y a su familia con tal sufrimiento.

Al principio quería que todo fuera un mal sueño e incluso llegué a sentirme culpable pensando en por qué esas cosas me pasaban a mí. ¿Por qué no la pude ayudar? ¿Por qué no me acerque más a ella y no me di cuenta de lo que tenía? Todo fue muy confuso y difícil, todos los días me la pasaba llorando o incluso molesta con la vida.

A pesar de que fueron pocos meses los que conocí a la señora, se volvió una persona muy especial para mí, y era tan terrible imaginar que jamás la volvería a ver. Me era tan incomprensible por qué ella había hecho eso y no había pensado en sus hijos o en su esposo, en todo lo que ellos iban a sufrir después de su partida, por qué nos había dejado de esa manera. El cómo lidiar con lo que pasó es muy difícil, cómo ayudar a mi novio a salir adelante…

No sé cómo escribir acerca del gran dolor que esto me causó, lo difícil que ha sido mi relación con mi novio, con su familia; el acostumbrarnos a cosas nuevas, incluso el trauma que me generó, mis cambios emocionales y todo eso, y cómo hacerle ver a las personas el enorme impacto y el dolor que conlleva todo esto.

ANDREA

Tipos de agresión

Detrás de toda agresión hay frustración. Cuando no la expresamos, la vertimos sobre nosotros mismos. Hay que revisar en el suicida qué frustraciones reales o imaginarias pasó. Qué pensaba y qué sentía. La psicoterapia funciona muy bien con los suicidas porque les permite verbalizar lo que no han podido sacar.

Las personas con ideación suicida piensan que a su muerte van a pasar muchas cosas, la gente va a sufrir mucho, será una venganza, etcétera. Se manejan muchas fantasías. La muerte es experimentada como una total liberación o como burla a sus perseguidores (muchas veces emocionales), pero están negando su propia muerte porque vencerlos así es un *ganar perdiendo*.

La culpa insoportable que carga el individuo es proyectada hacia el objeto con el cual se mata: arma de fuego, soga, pastillas; entonces, "es mi propia culpa la que me aniquila". "No es justo que yo solo cargue con esta culpa, así que ahora me mato para que ustedes sean quienes la carguen."

Es conveniente sacar a flote las ideas que llevan a la muerte para que vean qué tan distorsionadas están y cómo no tienen que ver con la realidad.

El mayor porcentaje de suicidas llega con un conflicto de pareja. Eso tiene que ver con la adolescencia y la necesidad de idealización de las relaciones. En la adolescencia, el cuerpo es el parámetro de qué tan bien o qué tan mal estamos respecto de los demás. En la mujer la situación del cuerpo va vinculada a muchas cosas. Si la figura de uno no corresponde a lo que se deseaba, esto trae mucha frustración.

Sentimos como seres humanos la necesidad de compararnos, en equipo biológico en búsqueda de aceptación. En esa necesidad de sentirse aceptado es cuando se da el mayor índice de inicio sexual, entre los 14 y 16 años. Buscar un encuentro afectivo en la mujer y sexual en el hombre. A veces un embarazo no solo es un descuido, sino un desvincularse de la familia de origen o no querer estar sola.

La muerte para el suicida es una salida para no afrontar una circunstancia que está ahí presente. En situaciones de pareja conflictiva, lo que afuera no se puede resolver crea una situación *intrapareja* de mucha agresión. O te mato o me mato. La mujer aguanta más el dolor afectivo porque tiene consuelo y permite la cercanía afectiva de otras personas, pero los hombres quieren que todo pase rapidito.

La deserción de un miembro de un grupo por muerte cuestiona mucho a todos sus demás integrantes; culpas y movimiento inconsciente que lleva a cada uno a cuestionarse la vida y la muerte. Se crean ideaciones suicidas y actos parasuicidas que ponen en riesgo sus vidas, aunque en realidad su intencionalidad de quitársela es baja. Si no lo hablan, comienzan a actuar todos sus sentimientos.

En las personas deprimidas existe una necesidad de sentir adrenalina y la aventura genera un cambio bioquímico. Esto puede convertirse en una situación de hábito que finalmente conduzca a la muerte o a la cárcel. La gente quiere alejarse lo más posible de la depresión, pero esta puede permitirnos que haya momentos en que todo vaya bien y otros en que todo nos salga mal. Nos hace sentir que estamos vivos. El riesgo está cuando salimos de la depresión y caemos en conductas maniacas de exceso de energía, actividad y compulsión.

Lo que se busca con un suicida es que se comunique en la forma que se le antoje; entre más comunique, menos actúa. El suicidólogo crea un vínculo afectivo con su paciente; tal vez le recuerde a alguien conocido o familiar, pero lo principal es que le caiga bien, que haya química entre ellos y no se sienta juzgado. El suicida tiene gran necesidad de hacer un plan de vida, un proyecto de dos, y podemos ayudarlo a elaborarlo, estructurarlo, afinarlo, y que sea realista y viable con posibilidad de cambio (que no sea algo rígido).

Lograr autoestima es llegar a una aceptación incondicional que permita que no nos estemos exigiendo tanto. Exigir en exceso al ser humano lo hace muy infeliz.

En memoria de mi esposa

Han pasado cuatro meses desde que mi esposa nos dejó para siempre, tomó la decisión de quitarse la vida. Aún no entiendo por qué lo hizo, ¿qué la orilló a realizar tal acto? Tampoco lo sabré, por lo que no buscaré más una respuesta, solo sé que dejó un dolor inmenso en nuestras vidas, en las de mis dos hijos (el campeón y mi princesa); solo el tiempo podrá sanar este dolor que envuelve nuestras vidas y nuestros corazones.

A veces me pregunto si mi relación con ella, mi actitud, mi comportamiento, etcétera, la orilló a quitarse la vida, y yo mismo me contesto: no, no es razón suficiente para tal reacción, todos los días hay divorcios, peleas, discusiones, traiciones y no pasa nada. La pregunta obligada es: ¿por qué, si tenía todo, optó por la puerta falsa? Tal vez no era lo material, tal vez quería que yo la abrazara y amara como la mujer que fue, como la madre de mis hijos. No lo entendí, nunca volví los ojos atrás para ver que ella me necesitaba y que me decía: "Aquí estoy"… Ahora ya no está más con nosotros, y aunque tengo dos maravillosos hijos, mi vida está con un vacío que no podré llenar.

Ahora sé que la depresión es una enfermedad mortal que no respeta nada si no se trata, si no se busca ayuda, y si no encuentras quién te diga qué y cómo hacerle para seguir viviendo. Las consecuencias son las peores. Perder a tu pareja de esa forma no tiene explicación, no hay respuestas, solo recuerdos, recuerdos buenos que me seguirán durante mi vida. No importa con quién y dónde esté, siempre habrá un espacio en mi corazón para ella.

Recuerdo la noche anterior, la abracé y le di todo mi apoyo para pedir ayuda a un profesional; nos dormimos, aunque separados, pero en paz, ya no hubo discusiones, reproches, nada, todo era calma.

Y aunque ahora sé que no fue culpa mía la decisión que tomó, quiero decirle que siempre guardaré su recuerdo en mi corazón y seguiré viviendo esta vida tan llena de cosas bellas por mí y por mis hijos. Dondequiera que esté, quiero que sepa que siempre cuidaré de sus dos amores, de sus hijos que tanto amaba; que yo, con la mano en el corazón y con estas lágrimas que estoy derramando en estos momentos, la perdono por el dolor que nos causó y la herida que nos dejó con esa decisión que tomó, y que Dios nuestro Señor le dé paz y tranquilidad por toda la eternidad... Adiós, esposa mía.

ALBERTO

Etapas por las que pasan quienes piensan quitarse la vida

Ideación suicida. La persona piensa en suicidarse y mentalmente lleva a cabo el plan; es decir, en qué momento lo haría y con qué herramienta.

Comportamiento suicida. Comienza a tomar riesgos innecesarios, además va cerrando asuntos inconclusos (regala sus cosas, arregla asuntos legales…).

Acto suicida. Intento exitoso o fallido de quitarse la vida.

Diez elementos importantes en el trabajo con pacientes suicidas

1. Situaciones o factores precipitantes (depresión o pánico).
2. Contenido, especificidad y saber qué tan en pañales están los planes y fantasías sobre el acto.
3. Intentos o planes previos y circunstancias que los rodean.
4. Antecedentes familiares de suicidios y depresión, o ambos.
5. Si es agudamente suicida, abandone la neutralidad terapéutica.

6. Trabajo con la visión en túnel. Enfocarnos en el conflicto.

7. Trato para un aplazamiento y uso de otras variables involucradas en el *acting out* (actuar afuera; gente muy impulsiva). No decirle: "No te suicides". Que se aplace la situación.

8. Trabaje los factores pertenecientes a la depresión o el pánico. El acto suicida es solo la manifestación de este dolor.

9. Consiga personas significativas para el paciente dentro de la situación, recursos comunitarios. El término correcto es *redes de apoyo*.

10. Fármacos, hospitalización. Recurso para personas con alto riesgo suicida.

Hospitalizar a un paciente con un riesgo suicida no es sencillo, ya que no hay lugares especiales para ellos y se internan en los hospitales psiquiátricos. Es un proceso de terapia de mayor cuidado y atención que no puede darse en casa. La explicación a los familiares ayuda a que se quite el señalamiento social de "lugar para locos".

Nunca das de alta a un suicida, lo que das de alta es una conducta psicótica.

Todas las personas que se suicidan están deprimidas, pero esto no quiere decir que todos los deprimidos se suicidan.

Es importante definir la depresión: es un desequilibrio en los componentes químicos y psíquicos que mantienen uniforme nuestro estado de ánimo y en acción nuestra energía vital. Es multicausal, pero generalmente proviene de una tendencia familiar o de la incapacidad emocional de enfrentar algo.

Síntomas de la depresión
- Tristeza profunda (maquillada de euforia).
- Ruptura de patrones y ataduras sociales.
- Cansancio (pérdida de energía e interés).
- Falta de entusiasmo real.
- Alteraciones en el sueño y alimentación.
- Enfermedad física o debilitamiento.
- Baja concentración.

Causas de suicidio

El suicidio siempre es multicausal y nunca podremos tenerlo claro, pues la parte que necesitamos para saber la verdad ya no está con nosotros. En este rompecabezas tan confuso siempre nos faltará una pieza; adivinaremos algunas y asumiremos otras, pero el verdadero motivo del suicidio puede que nunca lo sepamos, pues la respuesta se la llevó el suicida.

Algunas posibles motivaciones

- Depresión.
- Trastorno bipolar (que no es ser voluble, sino un desorden bioquímico que muestra dos facetas de la percepción: la depresión y el júbilo extremo o manía).
- Otros trastornos de personalidad.
- Abuso en los antidepresivos.
- Falta de tolerancia a la frustración.
- Mal manejo de las pérdidas.
- Falta de control de impulsos.
- Heridas de la infancia.

El día que un ángel voló al cielo

Tengo 20 años, soy un chavo alegre, estudioso, entre otras cosas. Les compartiré un suceso que cambió la vida de mi familia y, por supuesto, la mía.

Un día un ángel voló al cielo sin avisar, sin decir un adiós, sin dejar mensaje alguno, y ese día en que partió a un lugar mejor fue el día más triste. Sentí que ya nada iba a tener sentido, se me cayó el mundo y se preguntarán: ¿quién es ese angelito? Bueno, la respuesta es mi mamá, ella es mi angelito, no lo podía comprender, ni siquiera entender por qué se quitó la vida, si todo era perfecto, todo era maravilloso; reíamos, jugábamos, etcétera. Cosas que cualquier hijo haría con una madre y que en pocas palabras era disfrutarla al máximo. Yo lo hice, la disfruté hasta el último día de su vida.

Mi mamá falleció de una manera que ningún hijo esperaría que sucediera: se suicidó; esto para mí fue muy triste, y más porque al llegar un día por la tarde de la escuela encontré a mi mamá muerta. Fue un golpe tan fuerte, un impacto muy duro, no lo podía creer; en ese instante pensé que era una pesadilla, pero desafortunadamente no fue así, todo era real, y para mí fue algo que no podía creer y mucho menos encontrar la respuesta, ni solución a tal acto.

A partir de ahí todo en esta vida ha cambiado, desde el momento de ir a la escuela como llegar en las tardes y no poder probar su sazón casero. Sin embargo, a pesar de que mi ángel voló al cielo, encontré afortunadamente a una amiga tanatóloga; ella me ha llevado en el proceso de luto, ella ha sido la guía para no caer y sobre todo para poder sobreponerme a tan duro golpe.

Yo además trabajaba y eso absorbía mi tiempo los fines de semana, y por consecuencia no veía mucho a mi mamá, pero el tiempo que estaba con ella, que era entre semana, la disfrutaba como no tienen idea. Ahora que ya no está a mi lado no saben cuántas ganas tengo de volverla a ver y sentir su beso de buenas noches, o disfrutar sus exquisitos platillos.

Cambiaría todo por tenerla un instante más a mi lado y poder abrazarla y sentirla cerca de mí, pero desafortunadamente no puedo regresar el tiempo y ahora solo queda conformarme con los bellos recuerdos, con las bellas anécdotas que pasamos, con todas sus enseñanzas y sobre todo con todo el amor que un día me brindó, así como también todas las cosas que hicimos juntos, las cuales nunca se borrarán de mi corazón.

En este tiempo que llevo en acompañamiento me he dado cuenta de que, a pesar de que falleció mi mamá, la vida sigue; y sí llego a sentirme triste, pero me han explicado que la salida que tomó mi mamá no fue la más correcta, de hecho es la menos indicada, pero que no debo guardar rencor, no hay motivo para odiarla por lo que hizo.

Yo honro cada día su memoria porque ella fue una luchadora, una guerrera, y esto a mí me da mucha emoción porque sé que el tiempo que estuvo en vida la tuve a mi lado, me cuidó, me protegió de todo. Tengo muy grabada una frase que ella me dijo: "Tú siempre serás un hijo excelente", y para mí esas palabras inolvidables son las que me levantan y me dicen no te rindas, sigue adelante echándole ganas, porque si ella estuviera a mi lado me diría: "Adelante, hijo, tú puedes, lucha por tus sueños y nunca te rindas".

Vivan todos los días con su familia de una manera agradable, maravillosa, pero sobre todo cuiden y disfruten a su mamá cada momento y cada instante, porque al final, si ese ángel vuela antes a un lugar mejor, ustedes podrán decir yo estoy orgulloso porque en vida le di lo mejor de mí, le ofrecí cada momento y cada instante para que ella se sintiera orgullosa de mí.

Luis

Casuística

Los hombres...

- Son más propensos.
- Lo logran con mayor frecuencia.
- Utilizan métodos más drásticos.

Las mujeres...

- Son menos propensas.
- Lo intentan con mayor frecuencia.
- Buscan morir sin sufrimiento o deformidad.

Los grupos de mayor riesgo

- Sexo masculino. Entre 15 y 25 o más de 60 años (los jóvenes son el segmento más vulnerable; el suicidio es la sexta causa de muerte entre los chicos de cinco a 14 años, y la segunda entre los 15 y los 30 años).

- Homosexuales (por la falta de aceptación e integración social).
- Ausencia de hijos.
- Problemas económicos
- Soltería y divorcio.
- Depresivos.
- Adictos al consumo de drogas.
- Personas con problemas de comportamiento y trastornos de personalidad.

Grupos de menor riesgo
- Mujeres jóvenes.
- Felices.
- Vida laboral exitosa.
- Matrimonio estable.
- Religiosidad.
- Hijos.
- Estabilidad económica.

Los suicidas no actúan por impulso. Este acto siempre es planeado. Quien se quitó la vida con una pistola empezó a jalar el gatillo desde hacía mucho tiempo atrás; solo buscan el momento preciso de llevar a cabo su plan.

		Elevada	Escasa
R E S U L T A D O	**Muerte**	Suicidio consumado	• Muerte accidental • Muerte por acciones destructivas indirectas
	Vida	Tentativa de suicidio	• Parasuicidio (falso intento)

Material proporcionado por el Instituto Mexicano de Tanatología.

Si la intencionalidad de quitarse la vida es elevada y el resultado es la muerte, se le llama Suicidio consumado.

Si la intencionalidad es escasa, pero aún así la muerte es el resultado, se le llama Muerte por acciones destructivas indirectas.

Si la intención de quitarse la vida es elevada pero permanece con vida, se le llama Tentativa de suicidio; ahora bien, si la intencionalidad es escasa y se obtiene como resultado el seguir con vida se le llama Parasuicidio o un falso intento, cuyo objetivo principal era llamar la atención.

Verdades sobre el suicidio

Existen muchos mitos que solo confunden y causan miedo. Es mejor movernos en las verdades:

- A mayor integración social, menores intentos de suicidio.
- Se mata quien vive en la desesperanza.
- No es maldad ni "pecado".
- Es el más grande de los sufrimientos.
- El suicida está muerto emocionalmente antes de quitarse la vida.
- No quiere realmente morir, quiere dejar de vivir de esa manera.
- El suicidio siempre se avisa de una u otra forma; en nueve de cada 10 casos el suicida lo avisa. Dice cosas que en realidad son un grito desesperado pidiendo ayuda, pero muchas veces no sabemos reconocer estos avisos. Nunca debemos subestimar los comentarios que hacen.

En México, en 1991, el Dr. Alejandro Águila Tejeda, como parte de su tesis para obtener el título de Lic. en Psicología, realizó una investigación llamada "Características de personalidad en niños con riesgo suicida a través de la prueba del RORSCHACH". En ella buscaba determinar los rasgos de personalidad en niños con intentos suicidas entre los 6 y los 12 años de edad, 60% varones y 40% niñas; la mayoría con familia desintegrada. Estos fueron los datos que la investigación arrojó:

- Poca capacidad productiva.
- Tendencia a la introversión.
- Falta de madurez.
- Poca tolerancia a la frustración.
- Vivencia de fuertes conflictos internos.
- Sensibilidad y preocupación por la cantidad de cariño que reciben.
- Necesidad de seguridad.
- Bajo nivel de energía.
- Dependencia.
- Falta de imaginación.
- Lentitud para recibir estímulos internos.
- Poco alertas con signos de desilusión.
- Poco interés en situaciones reales.
- Poca vitalidad.
- Preocupación por la exactitud.
- Grado de inteligencia normal.
- Falta de control emocional.

Ya lo decidí

Mujer de 78 años. Escritora, maestra, siempre activa y con un sentido del humor inmejorable. ¡Esa era mi madre!

Un día me dijo: "Voy a tomarme unas vacaciones porque me siento muy cansada por tener que levantarme tan temprano todos los días para ir a trabajar".

Después de un mes de descanso, llegó la fiesta de fin de año y, como siempre, la celebramos en mi departamento con juegos y disfraces. Ella participó en todo, aunque en algunos momentos se le veía como apagadita.

Posteriormente, se quedó en mi domicilio con el pretexto de que quería hacerse unos análisis de rutina y los laboratorios y los médicos estaban más cerca de mi casa que de la suya.

Así pasaron las semanas, y a fines de enero, un sábado, noté que se arreglaba para salir y me dijo: "Voy a misa". Cuando se fue sentí algo raro en el estómago y me fui directo a su bolsa a registrarla como queriendo encontrar algo sin saber qué estaba buscando. Encontré un papel doblado, y como no traía lentes, corrí a la recámara de mi hija para que me leyera el contenido.

"No quiero causarles molestias. He tenido una buena vida. Les dejo todo mi amor..." No escuché más, salí corriendo detrás de ella y cuando salí a la calle no la vi. Corrí hasta la esquina y a lo lejos distinguí su figura un poco encorvada y caminando rapidito. Sentí que mis piernas se hacían largas y la alcancé.

—Mamá, ¿a dónde vas?

—Déjame, ya lo decidí.

Hablé un poco con ella, estuvimos un rato

en la iglesia y la regresé a mi departamento a regañadientes. De ahí en adelante fue como tenerla en la cárcel. Cerrábamos con llave la puerta de salida, la vigilábamos todo el tiempo, la llevábamos al psiquiatra, al cual ella veía y se sonreía, como escuchando con paciencia, pero no le interesaban sus palabras. Finalmente lo hizo.

Con el pasar de los meses logré aceptar y respetar la decisión de mi mamá de terminar con su existencia, y yo he podido seguir amando la vida, mi vida.

EDITH

Y es que la muerte acaba con la vida de una persona pero no con lo que sentimos por ella. Los invito a recordar la vida de nuestros seres queridos y no las circunstancias de su muerte, que al fin y al cabo solo son escenarios para lo irreversible que es su *no presencia* en nuestras vidas.

Que nada, que ningún pensamiento doloroso, ocupe el lugar que debe estar habitado por el amor. De nada sirve rebobinar la cinta una y otra vez imaginando escenarios distintos. El hubiera no existe y solo nos aleja de la aceptación. No estemos como el cilindrero girando sobre lo mismo y causándonos más dolor.

5
El secuestro

*Tu ausencia rebasa mi capacidad
de entender la vida.*

GPI

Hoy marco este día con piedra blanca,
como algo que uno desea ardientemente conseguir
y no espera conseguirlo y lo consigue...
tú, más valioso que el dinero, hoy volviste a mí.

CATULO

En este capítulo encontrarán pocos testimoniales, la gente tiene miedo de hablar, creen quedar asustados para siempre. Se perciben heridos, mutilados. Y sin embargo, la fuerza de la vida tira duro, te hace reincorporarte a tu familia y sociedad.

El secuestro en México es un delito que ha crecido en medio de la injusticia y la impunidad. Genera miedo, sufrimiento familiar, dolor, luto y trauma psicológico. Son muchas las consecuencias de haber sufrido un secuestro. Los alcances totales de este golpe tan severo y agresivo se seguirán estudiando por muchos años venideros.

El secuestro ha ido en aumento en nuestro país al grado de causar psicosis tanto entre quienes lo han padecido como en quienes solo lo temen. Se ha convertido en un gran negocio para los delincuentes; prueba de ello es el dramático segundo lugar mundial que ocupa México en el número de secuestros cometidos por año, solo después de Colombia.

El tema ha sacudido al país y mantiene en vilo a miles de mexicanos; nos evidencia en el extranjero como una nación peligrosa para visitar y ya no se diga para vivir o hacer negocios en ella. Nuestro país es víctima de esta industria de destrucción que se ha apoderado en años recientes de nuestra hermosa provincia mexicana, otrora tranquila y pacífica, y hoy azotada por este mal que afecta a la sociedad desde su célula vital: la familia.

No quiero hablarles de estadísticas, estados de mayor riesgo; ni siquiera de porcentajes de casos resueltos, los reportados en el año y secuestradores capturados. Quiero hablarles del dolor de la pérdida por secuestro, ese que a veces entra en la categoría más dolorosa que establece la tanatología: el duelo en donde no hay un cadáver, donde nunca se tiene la agridulce paz de saber dónde yace nuestro ser querido, la tranquilidad de saber que ya llegó a su morada final y que ya nada puede pasarle.

El secuestro en México toca a miles de familias; la sensación generalizada cuando escuchamos en los medios de comunicación que atraparon a otra gran banda de secuestradores es: ¿cuántas más hay?, ¿cuánto más dolor tiene que pasar este país? El caso es que de ninguna manera saber que hay muchos otros secuestrados o conocer las cifras nos brinda algún tipo de consuelo. Más que en ningún otro tipo de duelo, el que esto pase en otras familias no me hace sentir que sea natural, esperable o normal; no lo es. Es una situación totalmente antinatural y por lo tanto un duelo sumamente complicado.

El ser humano no debería padecer por este tipo de ataque físico y psicológico; tampoco debió pasar por estadios en campos de concentración. Sin embargo, aplico la misma filosofía, la misma técnica de vida de Viktor E. Frankl: si él pudo salir adelante y salir vivo de esa situación, de esas vejaciones y humillación, de ese dolor, cansancio físico y mental, nosotros podemos salir adelante después de un secuestro.

Claro que nuestra familia se sentirá golpeada, por supuesto que estará lacerada y probablemente dividida para siempre. No voy a negar que esa herida difícilmente cicatriza, porque de ella surgen otras como el miedo, como el saber que el mundo ya no es un lugar seguro para mí y los míos. Dejó de serlo. Seguimos cuestionándonos por qué le tendría que pasar algo tan malo a alguien tan querido. Lo que ocurre en la vida no son ni premios ni castigos, solo experiencias por vivir.

Nuestra fantasía y nuestra ilusión de un mundo justo se terminan, pero sí es posible seguir adelante, tanto el sobreviviente de un secuestro como la familia, que de alguna forma también ha sido secuestrada. Cualquiera que haya sido el desenlace, finalmente debemos seguir adelante y entender que, por doloroso que sea, nuestro llamado es hacia la vida, y nuestra elección es decirle sí bajo cualquier circunstancia.

Duelo por desaparición y secuestros

El duelo por los desaparecidos puede significar renunciar a la esperanza de verlos una vez más con vida, por eso se posterga. Quienes han vivido esa terrible circunstancia no quieren consultar a un tanatólogo porque sienten que es tanto como aceptar que su ser querido está muerto, como renunciar a la posibilidad de volverlo a ver vivo. Pasa el tiempo: solo dolor, sin cuerpo, ni certezas. Tenemos que dar el triste paso de desaparecido a fallecido, o nuestra vida continuará en pausa para siempre. Necesitamos vivir aunque nuestra voluntad no esté en ello.

Nueve días

Llegando a mi negocio, el 9 de marzo del año 2000, tres tipos me interceptaron y me obligaron a sentarme en la parte trasera de mi propio auto. Me llevaron boca abajo durante todo el trayecto, advirtiéndome de no levantarme. El auto paró, me vendaron los ojos y me metieron a una casa hasta llegar a un cuartito con una colchoneta. En ese momento me dijeron que eso era un secuestro, que no podía hacer nada y que asumiera mi realidad. Sentí que el mundo se me venía encima y que estaba en un verdadero problema. El secuestro duró nueve días. Durante ellos experimenté una serie de emociones que fueron desde el terror más grande, pasando por fantasías, hasta la esperanza.

Pasé por diferentes fases; la primera, desde luego, una desorganización emocional. Entendía que había sufrido un secuestro, que fui ilegalmente privado de mi libertad, pero realmente no sabía qué me estaba pasando. Brinqué de un estado emocional a otro, estaba a la merced y la incertidumbre de las acciones de los secuestradores.

Tuve contacto diario con mi papá vía celular por medio del jefe de la banda; esto fue muy bueno dentro de lo malo.

Del otro lado, mi familia estaba muy bien orientada gracias a que de manera inmediata mi hermano acudió a un gran amigo que tenía contactos en la Policía Federal Preventiva (PFP). Agentes muy capacitados vestidos de civiles estuvieron asesorando y grabando las llamadas.

Este punto fue básico para que mi familia estuviera más tranquila y económicamente no nos desfalcaran.

En mi cautiverio me tuvieron con los ojos vendados todo el tiempo con una bufanda, aunque casi siempre existió una pequeña ranurita para ver a veces a algunas personas, como el caso de "mi cuidador", que estuvo casi todo el tiempo conmigo y con el cual intercambié comentarios y nunca se portó grosero conmigo.

Me alimentaban tres veces al día y solo me dejaron bañarme una vez.

Mis estados psicológicos fueron de *TERROR*, que surgió obviamente cuando me capturaron y trasladaron a la casa.

Sentí coraje hacia Dios, ya que antes de mi secuestro estaba pasando por una situación difícil, como fue romper con mi novia, tener una necrosis en la parte superior de mi femur, lo cual me limitaba para hacer deporte, y por una crisis personal en el trabajo.

"¡Dios, no me dejes!"... al darme cuenta de que estaba a la merced de los secuestradores, lo único que me quedaba era pedirle a Dios que no me lastimaran y que no me mataran.

Sueño de escape... al cuarto día de mi cautiverio sentía una gran necesidad de hacer algo por mí. Había estado tan sensible todo ese tiempo, que oía muchos ruidos externos fuera y dentro de la casa; sabía cuál era la dinámica diaria de ellos, me acordaba de que cuando entré a la casa, pasé una reja y después una puerta principal. Tuve la idea de escaparme cuando todos dormían; para ese entonces mi cuidador dejaba de vigilarme a altas horas de la noche.

La gran depresión... quise tener la osadía de salir del cuarto, me entró un pánico tan grande que me impidió hacerlo (gracias a Dios), por lo que a la vez me desilusioné mucho de mí mismo. Esta depresión me ayudó a olvidarme del mundo y me la pasé dormido lo más que pude para evadir mi realidad.

"Ya mero te vas"... por el séptimo día, mi cuidador comentó que las negociaciones estaban avanzadas, por lo que intuí que esto ya iba a terminar, lo cual me entusiasmó a seguir esperando.

La liberación... todo iba bien, pero ¿cómo me iban a liberar?, ¿me intercambiarían por dinero como en las películas?, ¿qué tal si los policías ya tenían un plan de rescate y yo corría peligro? Vinieron a la mente muchas preguntas que me dejaron en gran tensión.

Finalmente me metieron en un auto en la parte trasera con los ojos cerrados y con un collarín. Un sujeto me abrazaba. Sentí que dieron varias vueltas por el mismo camino, y finalmente me quitaron el collarín y me dijeron: "Te vamos a sacar del auto y vas a caminar derecho sin voltear; si volteas te matamos". Caminé casi con los ojos cerrados hasta que oí que arrancaron dos autos; me topé con una cadena, abrí totalmente los ojos, y en ese momento me di cuenta de que estaba solo y libre.

Me liberaron el 17 de marzo. Fueron nueve días completos, en los cuales mis secuestradores no me lastimaron físicamente y fueron claros: que "era un negocio y yo era una mercancía a negociar".

Tras ser liberado, tomé un taxi sin decirle al taxista lo que me había sucedido. El trayecto a casa se me hizo eterno, consciente de que había vivido durante nueve días en un inframundo que existe, pero no nos damos cuenta hasta que caes en él.

Cuando llegué a casa y vi al primer familiar que tuve enfrente, me puse a llorar como un niño que encuentra a su madre después de haberse perdido. Lloré con cada uno que me encontraba enfrente, abrazándolo. Acto seguido, fue platicar todo lo que había vivido en esos días, ya que sentí esa necesidad; además, se encontraban agentes de la PFP que atentamente oyeron mi historia.

Fue muy importante soltar todas aquellas emociones y sentimientos que traía encima.

Posteriormente, empezó la terapia y es donde fui identificando más mis sentimientos:

Ira. Claro que había un gran coraje hacia los maleantes que violaron mi libertad e hi-

cieron sufrir a mi familia. Además, la impotencia en la que estas personas te dejan.

Desconfianza. Una gran desconfianza entre
la gente que te rodea, principalmente de la
empresa donde trabajo, que de ahí salió información importante para los secuestradores.

Miedo. El miedo de sentirse observado todavía por los secuestradores, ya que tienen
ubicado dónde viven mis padres, así como
mis acciones; por ejemplo: denunciarlos.

Desilusión. Saber que en cualquier momento puedes ser víctima de un delito. La
vulnerabilidad en la que nos encontramos los
empresarios y la gente en general.

Además de platicar los sentimientos, fue
necesario escribir mis diferentes estados psi-
co-emocionales durante el secuestro, ya que
me ayudaba a darme cuenta de cómo fui
cambiando mi estado de ánimo y mis ideas
recurrentes en cautiverio.

La experiencia del secuestro me ayudó
a valorar la libertad: realmente no tenemos
conciencia de qué tan libres somos hasta
que nos la quitan.

La libertad, el libre movimiento, se convirtió
en un valor tan grande que me ayudó a gozar de todo lo que hacía desde el despertar
y bañarme.

Tenía una gran necesidad de gozar mi libertad y de los espacios abiertos. A los pocos

días me fui a jugar golf, y posteriormente viajé en crucero por el Caribe.

Acepté que hay diferentes grados de maldad. El secuestro está en un nivel muy alto, ya que estos individuos "trabajan" con el sufrimiento de la gente.

Un paso difícil, pero importante, fue denunciar mi secuestro ante las autoridades. Esto representaba contar los hechos nuevamente y ayudar a la autoridad competente a encontrar a los maleantes.

Mi vida tenía que continuar, y por lo tanto ir a trabajar para encontrarme en el lugar donde me secuestraron, y convivir con gente que tal vez tuviera que ver con el evento. Mi actitud ante el suceso fue de alerta, pero siguiendo con mi vida diaria.

Tres meses después me hablaron los agentes de la PFP para decirme que en un secuestro frustrado murió de un balazo el jefe de la banda que me secuestró, el mismo que me metió al auto en aquel momento, el mismo que me comunicaba con mi familia y negociaba.

El haber agarrado a los secuestradores posteriormente fue de gran satisfacción para mí, ya que el círculo se había cerrado y mi ayuda y valor (denunciar) tuvieron sus frutos.

Años después de esa experiencia, me encuentro hablando del tema que me marcó, con la satisfacción de saber que el evento traumático y lo que detonó en mí me dio fuerza para ser lo que soy.

ERNESTO

Algunos ya no pudieron platicar su experiencia, y con respeto infinito me atrevo a asegurar que no estuvieron solos y que hoy ya están bien. Elijo creer esto.

La familia del secuestrado

En familias que han sido víctimas de secuestro se produce un impacto emocional traumático. El efecto perturbador se hace extensivo a la actividad laboral y familiar. Antes que la psicología lo formulara conceptualmente, era sabido que el comportamiento humano bajo presión sufre modificaciones sustanciales. La intervención del tanatólogo debe ser con la familia durante el proceso y ante el fallecimiento: contener emociones, escuchar, acompañar.

Cuando ocurre un secuestro, la actividad diaria y la vida familiar se desorganizan. Aparecen dificultades para dormir, para concentrarse, para comer. Generalmente, la memoria se altera y hasta los detalles más obvios se olvidan; es desgastante tratar de recordar hasta el último detalle, como en un esfuerzo extraordinario de la mente por encontrar dónde está el eslabón flojo, ajustarlo, y así la situación se haría reversible, esto no habría pasado. Pero no sucede así, entre más lo tratemos con la mente, más tiempo tardaremos en tratarlo con el corazón.

Los miembros de la familia reaccionan a la situación y la asimilan de forma diferente. Esto puede originar conflictos por el distinto grado en que cada uno siente la ausencia del secuestrado.

En esos momentos, la normalidad y la tranquilidad se rompen, y el equilibrio de la familia desaparece. Papá o mamá no saben cómo asumir su nuevo rol familiar, laboral, social, y los hijos pueden convertirse en una carga más, no son vistos, y ellos viven una doble pérdida con sus padres ausentes en términos emocionales.

No se tiene la disponibilidad ni la energía para continuar con las actividades que se desempeñaban y simplemente no se puede y no se quiere hacer nada. Deseamos detenerlo todo y nos preguntamos cómo allá fuera el mundo puede seguir su marcha, cómo pueden actuar como si aquí no hubiera pasado nada cuando tu mundo se ha colapsado. Nos llenamos de enojo.

Los problemas familiares previos al secuestro se agudizan en esos momentos y, en consecuencia, las peleas aumentan.

Durante la ausencia del secuestrado, el factor económico también puede desencadenar discusiones familiares, ya que poner precio a un ser humano, tratar de garantizar su vida, deshacer sociedades familiares, conyugales o laborales, conseguir préstamos y pagar intereses, producen una gran tensión.

La Fundación País Libre, a través de su labor de asistencia a familias víctimas del secuestro, recopiló, en 1999, información pertinente al impacto de este delito en núcleos familiares con un miembro secuestrado, y menciona los siguientes sentimientos que se dan con más frecuencia durante los primeros meses del plagio:

La culpa: Dormir, comer, ver televisión, "distraerse", pueden ser vistos como actos de traición o deslealtad; se piensa en vivir en las mismas condiciones del secuestrado para solidarizarse con él; es decir, renunciar a cualquier gusto, lujo o comodidad.

La impotencia: La familia, al no saber qué hacer, dónde pedir ayuda, se sume en una constante frustración que le produce rabia, lo cual aumenta las discusiones y los conflictos, muchas veces sin razón aparente.

La represión: La familia y los amigos consideran que todo sería mejor si no se experimentaran, ni se expresaran, los sentimientos propios de esta situación; pero no expresarlos es perjudicial y a largo plazo conduce a dificultades mayores. Además, por cuestiones de seguridad y cuando las autoridades intervienen, se nos pide guardar silencio y que sepan del evento el menor número posible de personas. Tratar de actuar y fingir que no está pasando nada en tu vida cuando estás gritando por dentro puede sin duda desencadenar padecimientos físicos y emocionales. Siempre son más dolorosas las mentiras que vivimos que las que decimos.

El temor: Se tiene la sensación de estar vigilados permanentemente y perseguidos tanto por los secuestradores como por otras personas que pueden causar daño. El miedo se sienta a la cabecera de la mesa. Los familiares temen por lo que pueda pasar con su ser querido o con alguno de ellos. Caminan como si lo hicieran sobre vidrios, temiendo causar todavía un daño mayor.

La angustia: Aparece cuando se está ante lo desconocido; la incertidumbre y la zozobra son resultado, muchas veces, del largo silencio de los secuestradores.

No es justo; solo de escribirlo siento esa impotencia y reclamo a la especie humana. Hay tantos ejemplos de compasión y piedad en la naturaleza que sin duda podemos llegar a ser los seres más crueles de la creación.

La noticia del secuestro de un familiar siempre causa un gran impacto (*shock*), desconcierto y sorpresa en el núcleo familiar.

El tiempo y el teléfono se convierten en los peores enemigos; quisiéramos que en cada llamada o en cada comunicación se resolviera el secuestro. Todos se preguntan si serán capaces de resistir tantas horas, semanas, meses; tanta incertidumbre, desasosiego y dolor.

Todo este drama continúa con altibajos; unos días es más intenso, otros, menos. Solo hasta que el secuestrado aparece, vivo o muerto, se desvanece.

La mayoría de las familias no establece acuerdos previos sobre cómo actuar en caso de que alguno de sus miembros sea secuestrado, ya que esta situación se presenta normalmente de manera inesperada. No estaría mal vencer nuestras supersticiones que erróneamente dicen que hablar de algo es atraerlo y reunirnos en familia para establecer un protocolo que, primeramente Dios, nunca tendrán que usar, pero que si llegara a ser el caso puede hacer una gran diferencia en el manejo de las cosas.

En los primeros momentos reina la confusión, el aturdimiento, el desconcierto, la angustia, el miedo y la desesperación, pero siempre se mantiene la esperanza de que el ser querido regrese al hogar. Por momentos la negación vuelve a apoderarse de nosotros y creemos que al despertar todo habrá sido un mal sueño, la peor de las pesadillas.

La mayoría de las personas secuestradas son cabeza de familia. Este miembro tiene la particularidad de que es el elemento cohesionador, ejerce el liderazgo y en él descansa —por lo general— la responsabilidad económica del núcleo familiar. La necesidad de su presencia es entonces más imperiosa para la supervivencia de ese grupo y para reasegurarlo emocionalmente, orientándolo y generando el sentimiento de protección que necesita para que sus integrantes se sientan seguros frente a agentes externos amenazadores.

Lo que interesa a los secuestradores no es la condición de cabeza de familia, no escogen a su posible víctima por esa razón; lo que les importa es que el plagiado sea la persona por quien la familia está más dispuesta a negociar y a pagar rescate; bien sea por el valor afectivo que representa para la totalidad, o bien porque es quien tiene mayor probabilidad de morir en el trance del cautiverio (Meluk Gabriel, Colombia, 1998, periodista).

Sin embargo, cuando la familia aún no tiene certeza de que la desaparición de su ser querido es un secuestro, porque los plagiarios no se han comunicado, entonces lo busca en todo tipo de lugares: en casa de sus amigos, en clínicas, hospitales, estaciones de policía y delegaciones. Posteriormente, al no encontrarlo, sobreviene la ansiedad al esperar comunicación de parte de alguna organización delictiva. Dicha agitación aumenta mientras el silencio continúa; además, denunciar el delito a las autoridades es otro motivo más de zozobra. A medida que transcurre el tiempo, se hace más evidente la ausencia del secuestrado y aparecen pensamientos nuevos para minimizar el dolor como: "Él está de viaje" o "Se quedó a dormir en algún lado y olvidó avisarme". Esto demuestra que no hay una asimilación inmediata de la desaparición de la persona (Fundación País Libre, ONG que trabaja en la prevención y lucha contra el secuestro, Colombia, 1999).

Cuando la familia tiene la certeza de que es víctima de un secuestro, opta por buscar un negociador que adelante el proceso con los plagiarios y ejerza un liderazgo entre los miembros del grupo. Por lo general es alguien cercano a ella, sea por lazos sanguíneos o de amistad. Las condiciones que se tienen en cuenta para la elección del negociador son: la capacidad de persuasión, la flexibilidad, la tolerancia a la frustración, la experiencia adquirida en otros secuestros, el grado de proximidad que tenga a la familia y al plagiado antes de cometerse el secuestro, y el tipo de relaciones que posea con instituciones gubernamentales, civiles y militares. El negociador no actúa solo, tiene como soporte a la familia; toma las decisiones después de haber consultado con ella.

En esta etapa las pruebas de supervivencia representan un papel psicológico muy importante en la estabilidad de la familia. Este es el elemento de realidad sobre el cual se apoyan las esperanzas de vida, el que evita el incremento de incertidumbre y el estado de confusión; y, en últimas, que el proceso tome el rumbo de un duelo por muerte en el medio familiar. Dada la necesidad de salvar la vida del plagiado, las familias tienen la tendencia a aceptar con facilidad las pruebas de supervivencia para restituir la integridad grupal y finalizar el estado de incertidumbre; dejan en segundo plano un análisis más crítico de aquellas (Meluk Gabriel, Colombia, 1998, periodista). Lo que necesito creer en esos momentos es que mi ser querido está bien y va a volver conmigo; daríamos todo por tener la certeza absoluta de que así será. Gustosos cambiaríamos nuestra vida por la de ellos, si tan solo la vida aceptara canjes.

Es importante que los familiares del secuestrado se distribuyan tareas y asuman responsabilidades; modifiquen sustancialmente su esquema de interacciones intrafamiliares y extrafamiliares para hacerle frente a la situación.

Las relaciones sociales se ven fuertemente afectadas durante el secuestro. A pesar de que la mayor parte de las amistades ofrece su solidaridad, a la familia le resulta muy difícil hablar de lo que está sucediendo, ya que se busca confidencialidad en todo el proceso de negociación. Por otra parte, las amistades suelen distraer a la familia, y esta teme "perderse de algo importante" o "abandonar" al secuestrado. El papel de los amigos es sin duda fundamental; deben ser muy inteligentes en las formas de mostrar su empatía y en ningún momento caer en la pregunta morbosa, cuya única función sea responder a curiosidades personales. Su papel como sociedad cercana es dar soporte, no cuestionar, no interferir y no convertir en un chisme lo que para otra familia está siendo un evento sumamente doloroso. El secuestro es un fenómeno social, si hemos llegado a él es porque hemos fallado en nuestras estructuras de seguridad y valores familiares como nación, así que debemos asumirnos un poco corresponsables de ello, y en lugar de opinar y dar instrucciones, nuestro rol es el de escuchar, consolar si se puede y mantener una postura de dignidad para la familia afectada. No observarlos como si padecieran peste o alguna otra enfermedad contagiosa, no juzgar, no saltar a conclusiones y acompañarlos a distancia con oraciones y buenos pensamientos. Enviarles luz en su camino momentáneamente oscuro. Permanecer cercanos esperando el contacto de ellos hacia nosotros, no hacer presencia hasta que nos sea solicitada, pues toda visita puede ser tomada como un atrevimiento o invasión. Es un momento íntimo de gran privacidad y dolor, veámoslo como tal y actuemos en consecuencia. Tacto, sentido común y discreción serán regalos útiles en estos momentos de crisis para la familia afectada. En algunos casos la familia se aísla casi por completo del medio social o acaba mudándose a otra ciudad o país. Todo en un intento desesperado de conservar su integridad física, estar en un nuevo entorno diferente que no les recuerde el infierno que han vivido y buscar un nuevo y difícil comienzo.

No lo tomemos personal, no nos están abandonando a nosotros, están reagrupando fuerzas y las verdaderas amistades pasarán esta difícil prueba de tiempo y aguante. Todos los integrantes de la familia nuclear y periférica quieren conocer los detalles de lo que está ocurriendo, pero la información no fluye con facilidad. Tiende a ser manejada por unos pocos que actúan como filtro, lo cual implica que algunos parientes próximos o lejanos queden excluidos. Esto suele generar un gran malestar, puesto que llegan a sentir que no se les considera parte importante de la familia.

El sentimiento de percibirse al margen de la información produce actitudes de desconfianza hacia quienes realizan las pesquisas y las negociaciones, porque son ellos quienes poseen dichos datos.

Ese hermetismo excluyente perdura hasta después de la liberación del secuestrado, especialmente en torno a la manera como se llevaron a cabo las negociaciones, el monto pagado, los intermediarios utilizados y demás. Las restricciones informativas tienen como objetivo garantizar, en lo posible, el buen fin de las negociaciones, resguardar la vida de quien está cautivo y, a su vez, proteger la integridad de quienes están al frente de las conversaciones (Meluk Gabriel, Colombia, 1998, periodista).

Es muy importante respetar que el papel protagónico del dolor recaiga en la pareja, los hijos, los hermanos o los padres del secuestrado. Son momentos de una rudeza psicológica impresionante y lo mejor es armar una red de apoyo, oración y empatía. Solucionarle a la familia cercana las cosas prácticas del día a día, si te lo permiten o piden, puedes acompañar, transitar junto con alguien el lento pasar de los minutos.

Lo más común es que los contactos que establecieron los secuestradores con los familiares sean de periodicidad irregular. Los contactos irregulares son una de las armas más eficaces que los secuestradores utilizan para presionar a la familia en el pago del rescate. Durante este lapso, el negociador se ve obligado a permanecer recluido en su casa, esperando la comunicación con los secuestradores, o bien estar atado al celular de cuyo sonido parece depender la propia vida.

Cuando no se logra algún acuerdo en una conversación o en una serie de contactos, simplemente dejan de llamar por un periodo determinado. Los secuestradores establecen nuevamente los contactos cuando consideran que han incrementado en la familia el temor por la vida del secuestrado y la han inundado de ansiedad, impotencia y desesperanza por su suerte (Meluk Gabriel, Colombia, 1998, periodista).

En estos periodos de incertidumbre ocasionados por el silencio de los plagiarios es cuando la familia más se desestabiliza emocionalmente. Aparecen los autorreproches y las mutuas inculpaciones, se incrementan las discrepancias entre sus miembros y la desesperanza tiende a apoderarse de ellos. Son los momentos en los cuales las familias buscan de manera intensa el apoyo de sacerdotes y religiosos. Al mismo tiempo, recurren a brujos y adivinos tratando de encontrar algún indicio que les permita "comprobar" que la víctima sigue viva. Igualmente, acuden a su propio sistema de creencias religiosas para lograr aminorar la ansiedad; convierten lo religioso en una constante e intentan, además, estrategias como acudir a las autoridades, buscar contactos con los secuestradores por su propia cuenta o negociar con ellos de manera directa.

Por la vulnerabilidad de este momento se corre el riesgo de caer en manos de estafadores, personas que lucran con el dolor ajeno y que nos venden falsos caminos de esperanza o investigación. Tenga mucho cuidado: mientras usted casi pierde la cabeza, hay quien la mantiene fría para hacer negocio y sacar provecho de su situación. Para mí estas personas ocupan el último de los círculos dantescos del infierno; no hay perdón posible para quien ve a alguien caído —a otro ser humano— y no hace algo por ayudarlo a levantarse. Pienso en el filme *La pasión de Cristo* y cómo en un momento dado del vía crucis alguien se compadece y quiere ayudarle a cargar la cruz a Jesús por unos metros; cuántas veces en consulta no he tenido yo la voluntad y las ganas de cambiar de silla con mi paciente y aligerarlo por unos segundos siquiera de su punzante y continuo dolor físico o emocional.

Por el otro lado, los secuestradores también producen intensos estados esperanzadores, en los periodos de contacto, cuando informan sobre el estado de la víctima o envían pruebas de supervivencia válidas para la familia. En esos instantes, esta última cree que habrá una solución afortunada. La esperanza es lo último que se pierde.

Secuestro exprés

A mí me *levantaron* junto con un amigo el 14 de marzo de 2011. Tenía ocho días de estar estrenando carro y afuera de una tienda, a las 2:00 p.m., nos llegaron tres tipos armados y nos obligaron a subirlos al coche. Duré secuestrado a partir de ese momento y hasta las 11:30 a.m. del día siguiente. Nos llevaron encapuchados a una casa de seguridad donde nos pusieron sobre unos colchones malolientes. Fuimos amarrados, golpeados y nos pusieron un televisor de esos viejos a todo volumen escuchando noticias todo el tiempo.

Nunca les vi la cara, tal vez por eso sigo vivo. Me dijeron que llamara a un amigo de confianza y que le pidiera a mi esposa que le entregara tres cheques de mi cuenta. Entre mi amigo y yo decidieron que "yo era el bueno" porque traía ropa de marca y buenos zapatos. Me amenazaron con cortarme tres dedos; me bloqueé, ni siquiera reaccionaba o los insultaba. Yo, que siempre había sido tan gritón y alebrestado, ahora me volví cobarde. Desde ese día mi vida no volvió a ser la misma.

Ya que me llevaron a cobrar los cheques, me soltaron en una calle larga y despoblada, y me pidieron que caminara sin voltear. Yo todo mareado, pues me habían puesto unos lentes oscuros con Resistol 5000 para que lo estuviera oliendo y ya estaba yo todo desorientado.

Empecé a caminar con la certeza fría de que me iban a disparar por la espalda. Avancé unos pasos y luego corrí y corrí lo más fuerte que pude hasta llegar a una tienda, donde me prestaron el teléfono y ahí llamé a mi casa. Mi hija me contestó llorando.

Paré un taxi y me subí; le pedí que me llevara a casa y el chofer me preguntó qué me pasaba. Hacía frío y yo traía una camisita blanca que ellos me dieron; me habían robado literalmente hasta la camisa.

—Me acaban de soltar —le comenté al taxista—, me secuestraron.

—Quítese esa camisa —me dijo y me dio su suéter para usarlo; entonces ahí me puse a llorar.

Tengo 46 años, ahora trabajo al 50% de lo que trabajaba antes, duermo con la puerta abierta y tengo miedo a la oscuridad. Hasta mi desempeño sexual ha cambiado, pero hoy sé bien que un hombre no se mide en la cama, se mide en la vida, y entiendo al fin que no soy un cobarde al contrario, porque rompo el silencio y les comparto esto para ayudar a muchos que al leerlo dirán: "Así me pasó a mí"; entenderán, se entenderán y ya no estaremos solos y con miedo. Es mi mayor deseo.

CARLOS

Lo que podemos hacer: Busquemos que las relaciones interpersonales no se dificulten porque no se sabe qué decir, de qué hablar; los comentarios molestan, cualquier pregunta es recibida como una ofensa.

Tomemos en cuenta que a veces estar solo resulta más confortante, ya que la casa llega a convertirse en una especie de hotel; las visitas se quedan largas horas y sobreviene el cansancio. Para los hijos es molesto llegar a una casa que perdió la privacidad.

Sin embargo, brindemos apoyo para que las personas salgan de su casa; sabemos que permanecen allí para sentir que acompañan a su familiar, pues estar cerca significa no perderse de nada importante; pero la vida no puede detenerse, y en las actividades diarias se encuentra cierta distracción que hace más llevadera la espera.

No permitamos que nos domine una sensación de paranoia que tardaría mucho en abandonarnos, si es que algún día lo hace.

No repitamos esos horrores que nos dicen en las llamadas de negociación, esas groserías, vulgaridades, mal trato del que no somos merecedores, es demasiada violencia. Sabemos que una madre o un padre están locos por saber cualquier cosa que suceda, tienen derecho a conocer hasta el último detalle, es su hijo, o puede ser un padre o un hermano de quien estemos hablando. Nunca es un caso simple ni un caso cualquiera. Pero repetir las palabras textuales es dejarlas grabadas en marmol en su memoria, no tiene sentido.

Cuando la familia se entera del cierre de la negociación o de la operación que van a realizar las autoridades, surgen muchas expectativas sobre el regreso; emerge el deseo de saber cómo y en qué condiciones regresará a casa el secuestrado. Por otro lado, queremos tener todas sus cosas listas e intactas como las dejó para que sienta de alguna manera que no hemos dejado de pensar en él y respetamos su ausencia y lo que ha vivido.

Las recomendaciones para la familia del secuestrado, presentadas por la Fundación País Libre, son:

- Avise a las autoridades del secuestro de algún miembro de su familia y de las amenazas recibidas posteriormente.
- Reconozca lo que esta situación produce en usted y su familia.
- Tenga en cuenta a los niños.
- Asesórese con profesionales que conozcan el problema.
- No asuma solo toda la responsabilidad.
- Organícese para tomar decisiones y asuma las responsabilidades que adquirió; es decir, si sabe que no puede conocer o tener acceso

a cierta información, no presione a los que la manejan.

- Hable frecuentemente con cada uno de los miembros de la familia y permítales la expresión de sus sentimientos.
- Permanezca unido con los demás, con la idea de que todos están sufriendo y luchando para que la situación se resuelva de la mejor manera posible.
- Apóyese en sus creencias religiosas.
- Si no tolera las visitas, no se sienta mal por querer estar a solas.
- Trate de enviar mensajes a su ser querido a través de los diferentes medios de comunicación. Lo que intente hacer es importante, aunque sienta que no resuelve la situación de inmediato.
- Corrobore si la información que le "venden" es real o falsa.
- Lleve, si le es posible, un registro de lo que ha sucedido para que cuando la persona regrese tenga la posibilidad de conocer lo que la familia vivió.
- La comunicación es el factor más importante en esta situación; no permita que se deteriore.
- Trate de resolver, si surgen, las dificultades intrafamiliares; no deje que crezcan.

- Busque asesoría de otras familias que hayan vivido el problema.
- Comunique sus sentimientos y sus preocupaciones.
- Trate de continuar con su vida normal; no se castigue tratando de sufrir como cree que su ser querido está sufriendo.
- Canalice su irritabilidad.
- Si ha recibido amenazas después del secuestro, instruya al resto de los miembros de su familia sobre el riesgo que corren; esto evitará sorpresas.
- Recuerde que los secuestradores pueden te-ner vigilados sus movimientos, o puede exis-
- tir un cómplice en su propia casa; por lo tanto, sea prudente con la información.
- El comportamiento de la familia debe estar en concordancia con las disposiciones legales.

"¿Qué hacemos, Gaby, lo damos por muerto?" "¿Qué decimos a sus hijos?" "¿Y qué hacemos con los sentimientos cuando nos hemos quedado con los brazos vacíos?"

Muchas preguntas y pocas respuestas; baste decir que necesitamos seguir adelante, confiando en que nuestro familiar está bien, dondequiera que se encuentre. No es vida estarse cuestionando dónde estará, si habrá comido o tendrá frío. Ese es el verdadero infierno que yo creo que existe, no el de los diablitos y las llamas rojas. Nadie puede quitarnos la esperanza de que siga con vida, pero también debemos seguir con la nuestra y quitarle "la pausa" como si fuera una cinta que de pronto hubiéramos decidido detener. En los reproductores de DVD esta pausa se quita sola pasado un tiempo, porque si no su mecanismo se dañaría permanentemente. Tal y como sucede en la vida.

Hay dos caminos posibles: el de la queja y la lamentación, o el de la responsabilidad y la fe. Piensen que un golpe de esa naturaleza te pone de rodillas ante la vida, y si ya estás ahí, esa es la mejor posición para rezar. Donde tus brazos ya no puedan proteger a tus hijos, donde tu vista ya no alcance a esquivar los peligros de la vida, ahí, justo ahí, es donde tienes que encomendar a tus seres queridos y pensar que Dios —en el que creamos—, la fuerza de la naturaleza, el orden cósmico o lo que tú pienses, está protegiendo y acompañando a nuestro amigo o familiar.

Pero ¿qué pasa con la angustia de la desaparición? Es tan fuerte que no había hasta este, un solo libro en México que nos hablara del tema; no de manera novelada, sino desde la empatía de las víctimas, desde la humanidad de saber que estas familias viven la peor pesadilla de todas las otras.

Cada vez que hay un secuestro se hiere a nuestras familias, nadie está seguro ya, y nos enfrentamos a tiempos muy difíciles en los cuales —no obstante— debemos seguir educando con valores y principios. Lo que ya no podemos hacer es decirle a nuestros hijos, como nos decían a nosotros: "Tú pórtate bien, mi'jito, trabaja y sé bueno, y te irá bien en la vida". Qué gran traición cuando no sucede esto, cuando a pesar de que trabajamos y mucho, somos buenos y no le hacemos el mal a nadie, nos volvemos víctimas de secuestradores sin escrúpulos y con ambición desmedida. ¿Qué pasó entonces? ¿Será acaso que no soy tan bueno? Es más fácil pensar eso a que nuestros propios padres nos mintieron y lo hicieron porque sus padres les mintieron a su vez y así por muchas generaciones, porque les parecía muy feo hablar de ciertos temas, muy duros y crudos, y nos formaban con esperanza de que seríamos casi casi dueños de nuestro propio destino.

El caso de Dora

El hijo de Dora, el mayor de sus tres hijos, tenía un pequeño local de comida corrida en una ciudad al norte de nuestro país. Una familia trabajadora, luchona, y que con mucho esfuerzo encumbró ese restaurancito que en poco tiempo cobró fama de sabroso y económico. No tardaron mucho en aparecer por ahí un par de tipos comentando que qué bonito era trabajar en paz y sentirse cuidados, que valía la pena dar su cuota para que no le fuera a pasar nada, y cosas así. La extorsión fue creciendo y Diego se negó a "mocharse" cada semana con lo que se le pedía. Primero incendiaron su contenedor de basura, grafitearon su cortina metálica y estuvieron siguiéndolo un par de días. "Todo es para ablandarme", pensaba; pero un martes, cerrando el local, lo *levantaron* en una camioneta y su familia jamás volvió a saber de él. Llamaron un par de veces pidiendo tres millones de pesos, pero aunque nunca se les dijo un no rotundo, ellos fueron los que no concretaron. Las llamadas intimidatorias e insultantes cesaron, pero también la esperanza de encontrar a Diego. Su padre padece del corazón, así que fue su hermano menor quien tomaba las llamadas y realizaba las negociaciones; también quien luego contactó a la policía. Todo fue en vano. Estas son las palabras de Dora:

El infierno que vivimos esos días, semanas y los meses posteriores no se lo deseo a nadie. Ni a los secuestradores mismos. Yo no he perdido la fe en un milagro porque sé que solo eso me devolvería a mi hijo, aunque sea muerto para darle cristiana sepultura. No sé cómo estoy en pie, lo único que tengo claro es que

> debemos apoyar a su mujer y a sus dos hijos pequeños. Diego así nos lo hubiera pedido. Creo que ya estoy menos enojada con Dios, pero a misa no puedo ir; de hecho, casi no salgo de casa y me duele ver el merendero cerrado como muchas de las ilusiones que tenemos los mexicanos de volver a vivir en paz.

Estas declaraciones duelen; y como vemos en tanatología, los círculos que permanecen abiertos sin poder darles cierre son los que más nos atormentan, tenemos que aprender a decir adiós a quien ha partido de nuestra vida, entendiendo que es una hermosa palabra porque literalmente significa que se lo dejas "a-Dios" para que lo cuide y lo proteja. Que sea Él quien lo cuide y acompañe en lo que volvemos a reunirnos.

Cierro mis testimonios con el de una madre; no importa su nombre, representa a todas las madres de México, y guardo para ella un cariño profundo y una gran admiración.

Por ellos y por mí

Mi vida era una vida plena y feliz, pues lo tenía todo para sentirme una mujer llena de bendiciones por contar con un esposo maravilloso y cuatro hijos que eran mi vida, por tener una vida privilegiada en todos los sentidos que un ser humano pueda tener. Nunca imaginé que pronto llegaría la tragedia a la familia y con ella una dolorosa muerte en vida.

Un día frío del mes de noviembre recibí la noticia de que el segundo de mis hijos, quien estaba de viaje, tuvo un terrible y trágico accidente del cual solo rescataron su cuerpo inerte dentro de los fierros retorcidos de su vehículo, dejando en la vida de la familia un gran vacío. Él era un hombre muy alegre, muy dinámico y trabajador; era un optimista nato. A donde llegaba siempre dejaba una especial alegría.

Lo más difícil no fue solo recibir la noticia; lo más difícil llegó conforme pasaban los días y me daba cuenta de que ese ser tan especial que Dios un día me mandó para iluminar mi vida ya no estaba, había regresado a su creador y yo nada podía hacer para cambiar las cosas y dejar de sentir ese dolor tan grande que siente una madre al perder un hijo.

Traté de canalizar mi dolor por la pérdida de mi hijo en actividades de labor social, pero sobre todo centré mi atención y toda esa soledad en mi único hijo soltero que quedaba en casa, pues desde pequeño fue mi gran compañero, mi amigo, mi confidente y mi protector. En ocasiones, erróneamente pensamos que con el dolor que llevamos es suficiente, que no puede ser posible que podamos añadir otra tragedia en donde ya existe un daño muy grande, pero no es así, la vida nos sorprende cada día con nuevas cosas que son situaciones difíciles de enfrentar, pero que al final traen un crecimiento a nuestra vida. Jamás hubiera pensado que ese amigo, ese ángel que Dios me prestó, era solamente por un corto tiempo, pues un domingo del mes de marzo mi hijo estaba en su negocio cuando llegaron dos hombres armados y lo secuestraron.

¡Oh, Dios!, ¿por qué a él?, ¿por qué si era un joven con un futuro prometedor, serio, inteligente y responsable?

La llamada llegó, pedían por su vida 15 millones de pesos, era una cantidad inalcanzable, pero con la seguridad de que la vida de un hijo vale más que eso.

Se realizaron las negociaciones, pero jamás dieron la prueba de vida. La cantidad que los secuestradores pedían no se pudo juntar, como tampoco se ha podido juntar el corazón destrozado de esta madre. En espera de que estas personas aceptaran la cantidad que se les ofrecía, nunca volvieron a llamar. Solamente al día siguiente recibimos una llamada, esta vez era solo para avisar que las autoridades ya lo habían encontrado pero sin vida. En ese momento solo pedía a gritos que si existía Dios que me llevara con mis hijos, ya no podía resistir más, en ese momento me había arrancado la fuerza, la ilusión por vivir y solo había dejado huesos secos dentro de mí.

El último adiós que se le dio a mi hijo fue lleno de emotivas muestras de cariño hacia él y una gran muestra de indignación por la violencia que está sufriendo nuestra sociedad, por el camino trunco de nuestros jóvenes emprendedores y las familias devastadas por ser despojados de toda una vida de trabajo y esfuerzo por personas sin escrúpulos que buscan el sustento fácil a través de la desgracia de los demás.

A raíz de la muerte de mi hijo decidimos radicar en otra ciudad, pues al ver su recámara, sus cosas, sus fotos, su carro, y cada día darme cuenta de que esa pesadilla era una realidad, que ya no estaba, se había marchado y ya nunca iba a volver, todo eso me restregaba más el deseo de ir a su encuentro.

Hoy entiendo que nada es casualidad, todo es parte de un plan divino de Dios. En una ocasión llegué a un templo con el fin de solicitar una misa por el eterno descanso de mis hijos y pregunté por algunos libros que me ayudaran a encontrar el consuelo que tanto necesitaba mi alma, y una persona me recomendó un gran libro al que yo llamo "un faro en la oscuridad": *Cómo curar un corazón roto*. Comencé a leerlo, y conforme más leía, sabía bien que si buscaba más acerca del tema, poco a poco estaría más adentro del proceso de sanación. Así que investigué el teléfono de la autora y nada me detuvo para encontrar un refugio para mi alma, un instrumento más de Dios.

Hoy en día sé bien que ellos ya no están conmigo, sé bien que un día común y corriente ellos durmieron en un mundo en donde hay maldad, egoísmo y traición, y despertaron en su hábitat: un mundo lleno de ángeles que contemplan el rostro del Señor, y que un día iré a su encuentro y no habrá más despedidas dolorosas.

Hoy he decidido seguir adelante en la vida, he decidido tratar de ser feliz, aunque ellos me hagan falta. He decidido disfrutar los días que viva en este mundo.

Diez cosas que te serán de utilidad al enfrentar este proceso

1) Estamos ante el más agudo y traumático de los retos posibles, debemos trabajarlo y resol-

verlo para no quedarnos estacionados en él para siempre.

2) Llorar nos llevará por un sendero de sanación; no ahogues tu llanto.

3) Ante lo ocurrido, es inmensa la sensación de aislamiento y desconfianza que sientes, pero no estás solo.

4) Todo va a pasar, nada es permanente, y por e-terno que parezca el camino, habrá resolución para él. Nada dura para siempre.

5) Cuando uno no hace nada se siente responsa-ble de todo, así que toma una postura activa con actitud positiva, fe y serenidad. Estás man-dándole luz a tu ser querido al cuidar de ti mismo.

6) Es normal que toda tu estructura de creen-cias se haya visto afectada, ya que tu vida ha cambiado por completo de una manera drástica y sin aviso; sin embargo, tus pilares de fe y valores siguen ahí aunque no puedas verlos.

7) Algunos amigos desaparecerán y otros que no esperabas aparecerán constantes en tu cami-no. Permanece abierto a los movimientos de la vida, acepta y fluye, pues todo ello tiene un aprendizaje para ti.

8) Claro que no te merecías lo que ha pasado, el

destino no tiene estos métodos didácticos. No pasó para que aprendieras algo, simplemente pasó y tú decides extraer un significado de ello, que es distinto.

9) Cuida de ti, es el mejor homenaje a quien por ahora no está a tu lado. Si te ama, cuídate; si lo amas, cuídate.

10) La política del buen cuidador es: si yo estoy bien, aquel por el que me preocupo también lo estará. Duerme, come y no te abandones espiritualmente. Necesitas ser tu incondicional en estos momentos.

Yo no tengo con qué pagar la confianza de tantos lectores, solo puedo hacerlo con mi trabajo, con mi misión y con mi dedicación. Saber que mi primer libro significó algo en el proceso de sanación de una familia me compromete aún más, hace que me reinvente todos los días para ser la guía y compañía que mis pacientes necesitan.

En este libro revisamos algunos de nuestros miedos —pesadillas, diría yo— y, sin embargo, sigo creyendo que la felicidad es posible aun después de una pérdida de esta magnitud; no instantáneamente, desde luego, pero transitando las etapas, rompiendo el silencio. Irrumpiendo en el universo con nuestro llanto podemos volver a sonreír, habitar en un mundo que hoy no entendemos como justo, pero que si bien por ser nuestro único hogar conocido podemos decorar el espacio interior cuando el exterior se antoja tan caótico.

Debía hablar de estos temas, colocarlos sobre la mesa y ponerlos en común, que al final es lo que etimológicamente significa la palabra *comunicación*. Basta de buscar libros sobre suicidio y encontrar un párrafo por ahí aislado en la página 56, o descubrir un tema tan tristemente actual y doloroso tratado de manera novelada, con un final feliz, cuando para quienes el secuestro ha tocado su vida saben que ese final feliz no es una opción, sea cual sea el desenlace. Habrá momentos de sosiego, instantes de contento absoluto, paz y tranquilidad, pero no un final de cuento de hadas: "Y vivieron felices para siempre".

Gracias a quienes con valor y deseo de honrar la memoria de sus seres queridos nos compartieron aquí sus historias, no para levantar un muro de lamentaciones, sino para alumbrar el camino por el que muchos tristemente habrán de pasar. Los abrazo a todos con mis letras.

Llegamos juntos al final del libro, lo han hecho bien y no ha sido fácil, yo lo sé. Son temas que por años han sido evadidos, eludidos y enmascarados, pero hoy los hemos dejado salir junto con muchas lágrimas, que de seguro acompañaron el pasar de las páginas. Lo que está ahí, sobre lo que se habla, nunca hará a una familia disfuncional; es justo de lo que no se habla lo que nos separa y destruye.

La familia mexicana tiene fama mundial de unión y solidaridad; hemos sido golpeados, han tratado de doblegarnos, pero siento que hoy, como sociedad y como pueblo, nos estamos creciendo ante el dolor y estamos buscando herramientas para construir esta vida. No queremos armas, no queremos batallas; queremos paz, vivir tranquilos y disfrutar con los nuestros esta vida que, sin calificativos, es la que hay. ¿Por qué mostramos solo nuestra solidaridad y lo mejor de nosotros mismos frente a las tragedias y catástrofes?, ¿por qué no dejarlo salir cada día en lo cotidiano?, ¿por qué no proponernos hacerle la vida menos complicada a quienes nos rodean?

Hay luz al final del túnel, no solo en el sentido en el que Elisabeth Kübler-Ross lo manejaba, sino que hay que pasar a través del dolor y seguir adelante con fe, entendida no a modo religioso, sino como que las cosas pasan como tienen que pasar y no como yo quisiera que pasaran. Entender que este transitar por la vida requiere cosas de mí, reacciones y actitudes, y que por difícil que sea lo que me pide, en mi caja de herramientas vengo equipado con lo que se necesita para enfrentarlo.

Principalmente, elevemos nuestra voz para interrumpir la falsa calma de "aquí no pasa nada", hagámoslo para decir: "Elijo no tener miedo", y sigamos caminando hacia la claridad, ya que si hoy nos movemos entre las sombras, debemos recordar que no existen estas sin la presencia de la luz, que por la posición en la que nos encontramos no podemos percibirla, pero ahí está.

Cuenten conmigo a cada paso del camino… con infinito respeto.

Bibliografía recomendada

Águila Tejeda, Alejandro, *Suicidio: la última decisión*, 2ª ed., México, Trillas, 2011.

Águila, Tinajero, *et al.*, *Cómo enfrentar la muerte*, 3ª ed., México, Trillas, 2011.

Canales, José Luis, *Suicidio: decisión definitiva al problema temporal*, Estados Unidos, Palibrio, 2013.

Castro, Ma. del Carmen, *Tanatología, la familia ante la enferfermedad y la muerte*, México, Trillas, 2007.

Dyer, Wayne W., *En busca del equilibrio*, México, De Bolsillo, 2008.

Kushner, Harold, *¿Por qué le pasan cosas malas a la gente buena?*, México, Diana, 1981.

Moore, Thomas, *Las noches oscuras del alma*, España, Urano, 2005.

Morris, Deborah, *Good Grief* (Bendita pena), Estados Unidos, Healing Arts Press, 2007.

Pérez Islas, Gaby, *Cómo curar un corazón roto*, México, Diana, 2011.

Vargas, Rosa María, *Desarrollo y perspectiva del suicidio en México*, México, Publidisa, 2009.